Inhalt

Zu diesem Heft

Liebe Leserinnen und Leser,

die Heilige und Große Synode der Orthodoxen Kirche (Kreta, 19.06.–26.06.2016) steht im Zentrum dieser Ausgabe der Ökumenischen Rundschau. Unsere Beiträge wollen die Entwicklungen im Vorfeld, den Verlauf der Synode und ihre beginnende Rezeption ebenso wie besondere theologische Schwerpunkte in den Blick nehmen. Dabei kommen orthodoxe ebenso wie katholische und evangelische Autorinnen und Autoren zu Wort.

Nach einem einführenden Überblick zur Synode von *Reinhard Thöle,* stellt *Natallia Vasilevich* die sozialethischen Texte des Konzils und das den Dokumenten zugrundeliegende Selbstbild der Orthodoxen Kirche nicht „aus der Welt", wohl aber „in der Welt" und „für die Welt" vor. Die Übertragung der eschatologischen und prophetischen Aussagen der sozialethischen Passagen auf die institutionellen und normativen Realitäten der Orthodoxie ist nach Vasilevich die größte Herausforderung bei der Rezeption der Dokumente. Dass die von Vasilevich eingeforderte Rezeption konziliarer Beschlüsse als ein prozesshaftes Lerngeschehen verstanden werden kann, arbeitet *Ilia Romic* mit dem Hinweis auf die schwierigen politischen und geistigen Rahmenbedingungen heraus, denen die Orthodoxen Kirchen über Jahrhunderte ausgesetzt waren. Ein Grundmodell der Konziliarität sieht Romic bereits in der Trinität vorgegeben, doch erfordern die spezifischen historischen Erfahrungen der Orthodoxen Kirchen aus der Sicht des serbischen Theologen einen eigenen Prozess der Aneignung.

Die pfingstliche Motivik des Konzils nimmt *Georgios Vlantis* zusammen mit der auf Kreta erfolgten Verurteilung des Antiökumenismus auf und kritisiert orthodoxe Antiökumeniker und Traditionalisten als Gegner der göttlichen Dignität des Schöpfergeistes. Erst der Blick auf die pneumatologische Dimension des Konzils ermöglicht nach Vlantis die angemessene Rezeption

4 der Dokumente. Dagegen ermangle das antiökumenische und traditionalistische „Christentum der Langeweile" der pneumatologischen Dimension und bleibe ohne Zukunftshoffnung. Während Vlantis ein einheitliches Bild orthodoxer antiökumenischer Tendenzen zeichnet, ist *Martin Illert* darum bemüht, die besonderen gesellschaftlichen und innerkirchlichen Faktoren zu erhellen, die zur Absage der Bulgarischen Orthodoxen Kirche und inzwischen auch zur Ablehnung der Synode durch diese Kirche führten.

Der Frage, was die Synode für die Ökumene bedeutet, gehen die Beiträge von *Johannes Oeldemann* und *Dagmar Heller* nach. Oeldemann erinnert an das von der Synode selbstgesetzte Ziel, die Einheit der Orthodoxie dokumentieren zu wollen. Während dieses Ziel nach Oeldemanns Sicht aufgrund der Absage von vier Kirchen nur teilweise erreicht worden ist und auch die Positionierung der Synode in der Ekklesiologie zwischen Exklusivismus und Öffnung changiere, hätten doch gerade die innerorthodoxen Kontroversen um das Konzil die orthodox-katholische Verständigung der jüngsten Zeit befördert. Dagmar Heller würdigt das Bemühen der Orthodoxen Kirchen um Einheit und die auf der Synode erfolgte Verurteilung des Fundamentalismus. Wenig konkret und deshalb aus der Perspektive des ÖRK kaum über bereits Bekanntes hinausführend, scheinen ihr die Aussagen der synodalen Dokumente zum gemeinsamen Wirken der Kirchen zu sein. Abschließend unterstreicht Heller die Bedeutung der Rezeption auch und gerade durch diejenigen Kirchen, die an der Synode nicht teilgenommen haben.

Mehrfach im vorsynodalen und im synodalen Prozess wurde eine Erweiterung der synodalen Agenda eingefordert. Hierzu gehört die unmittelbar nach der Absage des Moskauer Patriarchats erfolgte Bitte des ukrainischen Parlaments an den Ökumenischen Patriarchen, sich der kirchlichen Situation in der Ukraine anzunehmen, ebenso wie das an die Synode gerichtete Schreiben von LGBT(lesbian, gay, bisexual, and transgender)-Aktivisten, welches wir im Anhang dokumentieren und dem wir *Evgeny Morozovs* Erwägungen aus der Perspektive eines orthodoxen Seelsorgers an die Seite gestellt haben. Abschließend macht ein Blick auf den Bericht vom Berliner Experten-Workshop zur Heiligen und Großen Synode deutlich, dass die hier versammelten Beiträge nur Ausschnitte aus einem sehr viel umfassenderen Geschehen thematisieren.

Ein besonderes ökumenisches Ereignis war der Gottesdienst zum *Gemeinsamen katholisch-lutherischen Reformationsgedenken* am 31. Oktober 2016 im schwedischen Lund. Erstmals hat ein Papst gemeinsam mit dem Lutherischen Weltbund einen Gottesdienst zum Reformationstag gefeiert. Der Gottesdienst wurde nach der ökumenischen Liturgie gefeiert, die der LWB und der Päpstliche Rat zur Förderung der Einheit der Christen gemeinsam entwickelt und anlässlich des Gedenkens vorgestellt haben. Wir dokumentieren neben der *Gemeinsamen Erklärung* der Begegnung auch die Predigten von *Papst Franziskus* und *Martin Junge,* dem Generalsekretär des LWB. Weiterhin berichtet *Johanna Hestermann* von der 28. Jahrestagung der Arbeitsgemeinschaft Ökumenische Forschung zum Thema "Towards a Theology of the Body: Ecumenical and Ecosophical Implications", die vom 21. bis 23. Oktober in Hamburg stattfand.

Wir wünschen Ihnen eine interessante und aufschlussreiche Lektüre.

Im Namen des Redaktionsteams

Ihr
Martin Illert

Ein hohes Ideal zahlt einen hohen Preis

Zur Heiligen und Großen Synode der Orthodoxen Kirche auf Kreta

Reinhard Thöle[1]

Noch im Januar 2016 waren sich alle vierzehn Orthodoxen Kirchen einig, in der Pfingstwoche im Juni nach östlichem Kalender die „Heilige und Große Synode" nach Kreta in die Orthodoxe Akademie einzuberufen. Man hatte sich im Wesentlichen auf eine Geschäftsordnung geeinigt, fünf Textvorlagen einstimmig und eine Textvorlage mit einer Gegenstimme als Arbeitsgrundlage für das Konzil angenommen. Als dann drei Wochen vor der Eröffnung der Synode die Kirchen von Bulgarien, Georgien und Antiochien aus verschiedenen Gründen ihre Nichtteilnahme verkündeten und als Vermittler der serbischen und russischen Patriarchate eine Klärung der strittigen Punkte vor der Synode forderten oder auch die Verschiebung oder einen niedrigeren Status der Synode vorschlugen, wurde dieses vom Ökumenischen Patriarchat mit Hinweis auf die gemeinsamen Beschlüsse vom Januar zurückgewiesen.

Turbulenzen

Die Gründe, die einige Patriarchate für ihre Absage vorbrachten, waren: Für das Patriarchat Antiochien ein nicht beigelegter Streit mit dem Patriarchat Jerusalem um die Errichtung eines Bistums in Qatar. Die georgische Kirche nannte eine allgemeine Unzufriedenheit. Für die bulgarische

---

[1] Prof. Dr. Reinhard Thöle ist Professor für Ostkirchenkunde an der Martin-Luther-Universität Halle-Wittenberg und Fachberater für die Dialoge der EKD mit den orthodoxen Kirchen. Er hält auch Lehrveranstaltungen an den Universitäten Bukarest und Lviv/Lemberg. Der hier abgedruckte Text erschien stark gekürzt unter dem Titel „Familie, Religion, Nation" in der Zeitschift „Zeitzeichen" im August 2016.

Kirche war das Hauptargument das Abweichen des Konzils von einem traditionellen Ökumeneverständnis, gemäß dem nur die Orthodoxe Kirche die einzig wahre Kirche sei, zu der sich Häretiker und Schismatiker durch Umkehr und Buße zu bekehren hätten. Ein Dialogkonzept, gemäß dem die Orthodoxe Kirche als eine unter mehreren auftrete, sei falsch. Diese Position der bulgarischen Kirche, die auch als Grund für ihren Austritt aus dem ÖRK im Jahre 1998 angegeben wurde, ist aber nicht vornehmlich nur nach außen gesprochen, sondern in die innerbulgarische Situation hinein. In Bulgarien gibt es nämlich seit der politischen Wende eine bis heute andauernde Kirchenspaltung zwischen der sog. blauen und der roten Synode, und das Stichwort „Ökumene" gilt dabei für beide Seiten beinahe als Synonym für „Verstrickung in den Kommunismus". Umgekehrt wird der Antiökumenismus als Chiffre für die Aufarbeitung der Vor-Wende-Vergangenheit verwendet.

Status der Synode

Die Heilige und Große Synode wurde nun in Kreta wie geplant unter Teilnahme von zehn der ursprünglich vierzehn unterzeichneten Kirchen abgehalten. Von den vermittelnden Kirchen war auch das Serbische Patriarchat dabei. In seiner Predigt im Eröffnungsgottesdienst sprach Patriarch Bartholomaios von Konstantinopel alle, auch die abwesenden Patriarchen mit Namen an, die Konferenzen wurden mit einem Podium gehalten, auf denen die Wappen aller vierzehn Kirchen angebracht waren. In den Liturgien wurden die Ersthierarchen aller vierzehn Kirchen kommemoriert. Unmittelbar vor der Synode sandte der Moskauer Patriarch Kirill eine Grußbotschaft an das Konzil, in der er versicherte, die Russische Orthodoxe Kirche würde für das Konzil beten und Teilnehmende wie Nichtteilnehmende hätten ihre Entscheidung mit guter Absicht getroffen. Allerdings gibt es nun zwei Lesarten über die Wertigkeit der Synode. Die zehn teilnehmenden Kirchen betrachten das Konzil als gültig zustande gekommen und durchgeführt, da es ordnungsgemäß von allen einberufen worden sei. Es habe auch in der Geschichte Konzile gegeben, an denen nicht alle hätten teilnehmen können. Die vier nichtteilnehmenden betrachten es nicht als das Große und Heilige Konzil, sondern nur als eine Versammlung einiger Kirchen ohne Autorität aller Kirchen, die einmütig versammelt hätten sein müssen.

Trotz der Turbulenzen um die Heilige und Große Synode muss zuerst festgehalten werden, dass es zwischen den einzelnen Orthodoxen Kirchen keine Kirchenspaltung gibt. Alle Kirchen halten an der bisher geübten vorschriftsmäßigen Gebetspraxis der gegenseitigen Erwähnungen fest und damit an der Einheit der Orthodoxen Kirche. Man kann darüber hinaus hervorheben, dass alle vierzehn Kirchen sogar an der gemeinsamen Einheitsvision der Orthodoxen Kirche festhalten, gemäß der nur alle Kirchen einmütig und einstimmig für alle gültige Beschlüsse fassen können, selbst wenn diese Einheitsvision jetzt auf Kreta unglücklicherweise nicht zustande gekommen ist. Das ist nämlich das hohe Ideal der Orthodoxie, dass in Fragen des Glaubens, des Gottesdienstes und der Kirchenordnung die gemeinsam tradierte Wahrheit nicht etwa durch Mehrheitsentscheidungen zum Ausdruck gebracht werden können, sondern nur in der Einheit und Einmütigkeit. Und jede selbstständige Kirche ist dabei von gleichem Wert und Gewicht. Diese einmütige und gemeinschaftlich verstandene Synodalität der Orthodoxie findet ihr theologisches Urbild letztlich in der Gemeinschaft zwischen den drei göttlichen Personen der Trinität. Es geht also um die Identität der Orthodoxie im Glauben und in der Wahrheit und idealtypisch damit auch in der Liebe. Natürlich ist dieses hohe Ideal immer auch aufs Äußerste gefährdet. Zumal wenn diese Einheit nicht zustande kommt, vielleicht aus Gründen, die unterschiedlich bewertet werden. Dann zahlt die Orthodoxie einen hohen Preis dafür, wie jetzt zur Heiligen und Großen Synode auf Kreta, und gibt ihren Kritikern genügend Ansatzpunkte zur Polemik.

Die Orthodoxie hat für dieses hohe Ideal immer auch in ökumenischen Kontexten gekämpft. Der ÖRK setzte 1998 in Harare eine Sonderkommission ein, welche die auf einer orthodoxen Vorversammlung in Thessaloniki vorgebrachten Beschwerden klären sollte. In den Ergebnissen wurde ein differenziertes Konsensverfahren für den ÖRK entwickelt, bei dem nach orthodoxem Vorbild die Einheitlichkeit der traditionellen Kirchenfamilien gewahrt bleiben und zugleich Meinungen einzelner Gruppierungen nicht übersprungen werden dürfen. Einheit und Wahrheit zu bewahren und in zeitgenössischen Kontexten auszusprechen, ist eine anspruchsvolle Aufgabe. Nebenbei angemerkt sei, dass Philipp Melanchthon seine reformatorische Begrifflichkeit vom „magnus consensus" und „testimonium patrum" in enger Anlehnung an die östliche Theologie entwickelt hat.

Das Konzil vor dem Konzil

Wenn man einen Blick in die Geschichte wagt, wäre das letzte Konzil, an dem die Orthodoxie damals mit vier Patriarchaten und der Zustimmung Roms teilgenommen hat, das siebte Ökumenische Konzil im Jahr 787 gewesen. Auf dem Weg bis zur Gegenwart hat die Orthodoxie viele kirchenpolitische und theologiegeschichtliche Entwicklungen erlebt. Heute sind es ohne Rom vierzehn Kirchen und ihre Tochterkirchen in der ganzen Welt. Die Sehnsucht nach einem Konzil erwuchs Anfang des letzten Jahrhunderts und wurde an einem Brief des Ökumenischen Patriarchen von Konstantinopel Joachim in einer Enzyklika von 1902 deutlich. Panorthodoxe Kongresse gab es seit 1923, panorthodoxe Konferenzen seit 1951, „vorkonziliare panorthodoxe Konferenzen" wurden seit 1971 abgehalten. Es ist bis zu der Heiligen und Großen Synode ein differenzierter und sehr seriöser konziliarer Prozess zu verzeichnen, bei dem die Erstellung von gemeinsamen Texten ein Arbeitsinstrument der Auseinandersetzung der Orthodoxie mit sich selbst und der Gegenwart war. Das Konzil fand also schon in gewisser Weise in der Phase seiner Vorbereitung statt. Der Verzicht auf die Bezeichnung „ökumenisch" im Zusammenhang mit der Synode ist klug, nicht nur wegen der Diskreditierung dieses Begriffes im ehemaligen Osteuropa, sondern weil sie ein verantwortliches Bewusstsein dafür signalisiert, dass andere christliche Kirchen nicht ausgeblendet werden können. Es war darum auch konsequent, ökumenische Gäste und Beobachter einzuladen, die an Gottesdiensten und teilweise auch an der Eröffnungs- und Schlussversammlung teilnehmen konnten.

Die Mitteilungen der Synode

Das Große und Heilige Konzil wandte sich im abschließenden Gottesdienst mit einer „Botschaft" an alle Orthodoxen und alle Menschen guten Willens, die die Ergebnisse des Konzils zusammenfasste und die Identität des orthodoxen Glaubens in die gegenwärtigen Zusammenhänge der Welt stellt. Das ausführlichere und eigentlich prägende Dokument ist die „Enzyklika", die ihrerseits die Ergebnisse der leicht überarbeiteten und verabschiedeten sechs Vorlagen zu verschiedenen Themenbereichen mit enthält. Alle diese Dokumente, die in griechischer, russischer, englischer und französischer Übersetzung verfasst worden sind, wurden übrigens nicht nur von den Ersthierarchen, sondern von allen anwesenden Bischöfen aus den Delegationen der einzelnen Kirchen unterzeichnet. Will man eine grundsätzliche Bewertung dieser Ergebnisse vornehmen, kann man vielleicht ein wenig zu plakativ sagen, dass die auf Kreta versammelte Orthodoxie mit ihrer Tradition in der Moderne und in der Gegenwart angekommen ist. Sie erweist sich als traditionstreu, sprachfähig, kritikfähig und dialogfähig.

Für den zwischenkirchlichen Bereich hat es weiterführende Klärungen gegeben. Konfessionsverschiedene Ehen werden zwar nach dem strikten Grundsatz der Akribie eigentlich als nicht möglich angesehen und interreligiöse Ehen abgelehnt. Doch ist es zugleich einzelnen Kirchen gestattet, für ihren eigenen Zuständigkeitsbereich besondere Regelungen zum Vorteil konfessionsverschiedener Ehen nach dem Prinzip der Ökonomie zu beschließen. Die Beteiligung an der ökumenischen Bewegung wird für die Orthodoxie nicht nur als historische Selbstverständlichkeit angesehen, sondern als zur Identität und zum Wesen der Orthodoxie gehörend. Dialoge sollen in einem gemeinsamen Verantwortungsprozess geführt werden, der darauf achtet, dass Gespräche nicht einseitig abgebrochen werden können. Natürlich identifiziert sich die Orthodoxie mit der von Christus gegründeten einen, heiligen, katholischen und apostolischen Kirche, und sie soll im ökumenischen Gespräch davon Zeugnis ablegen. Bemerkenswert ist aber, dass Gruppen und Gemeinschaften, die im Namen einer „wahren Orthodoxie" den ökumenischen Charakter der Gesamtorthodoxie ablehnen, von der Synode als verdammungswürdig angesehen werden. Eine außergewöhnliche Wertschätzung erfuhr der zur Schlusssitzung angereiste Vorsitzende des Rates der EKD, Landesbischof Bedford-Strohm. Er wurde nicht nur privat vom Ökumenischen Patriarchen Bartholomaios sehr herzlich begrüßt, sondern von allen Konzilsteilnehmern offiziell ehrend begrüßt, wobei der Patriarch den Wert der ökumenischen Begegnungen für das theologische Lernen sowohl persönlich wie auch offiziell unterstrich. Bedford-Strohm war der einzige kirchenleitende Repräsentant aus Deutschland, der persönlich eingeladen war.

Gesprächspartner für die Gegenwart

Zu den Problembereichen und Herausforderungen der Gegenwart gibt nun die Synode gemeinsam verantwortete theologische und sozialpolitische Leitlinien an. Das ist neu und hilft, bestimmte Gedanken nicht nur als Privatmeinungen einzelner Theologen oder Bischöfe anzusehen. Im Gegenüber zur säkularen Gesellschaft, die sich in politischen, kulturellen und sozialen Entwicklungen ausdrückt und oft von einem falschen Freiheitsbegriff geprägt sei, betont die Orthodoxie das Opfer Christi, das nötig sei, da sich der Mensch nicht selbst erlösen könne. Sie warnt vor Manipulationen durch Wissenschaft und Technologie auf Kosten der humanen Freiheit. Um moralisch handeln zu können, benötige man einen geistlichen Impuls. Eine christlich asketische Lebensweise habe nichts mit Weltverneinung zu tun, sondern würde den Menschen zum Mitarbeiter Gottes erheben. Die Wurzeln der ökologischen Krise hätten ihren Ursprung in den menschlichen Leidenschaften wie Gier, Geiz, Egoismus und Begierde nach mehr. Die Erde sei jedoch ein gemeinsames Haus, in dem der authentische Umgang mit der Schöpfung nicht pervertiert werden dürfe. Die Globalisierung habe neue Formen von Ausbeutung und Ungerechtigkeiten hervorgerufen. Auch die Wirtschaft müsse von der Erkenntnis geleitet werden, dass der Mensch nicht von Brot allein lebe. Der Kampf um die Menschenrechte stünde in der Gefahr, sich isoliert zu einer Kultur der Rechte negativ zu entwickeln und dabei die universalen Werte der Gesellschaft zu untergraben wie Familie, Religion und Nation. Andererseits müsse ohne Eingriffe durch den Staat die Freiheit des Gewissens und der religiösen Praxis geschützt werden. Der Eindruck, dass Fundamentalismus zum Wesen von Religion gehöre und Gewalt im Namen Gottes ausgeübt würde, könne für ein Christentum, das dem gekreuzigten Herrn folge, nach himmlischem Frieden suche und die Wunden anderer heilen möchte, nicht gelten. Im Zusammenhang mit der schwierigen Situation der Christen im Vorderen Orient müssten die Regierungen aufgefordert werden, dafür zu sorgen, dass die Christen mit gleichen Rechten in ihren Ländern bleiben könnten. In der gegenwärtigen Flüchtlingskrise sollen die Christen hilfsbereit sein, gleichzeitig auch versuchen, den wirtschaftlichen und ökologischen Problemen, die die Krise verursachen, entgegenzutreten.

Man konnte den Eindruck gewinnen, dass die Teilnehmer ein gemeinsames neues konziliares Selbstbewusstsein entdeckt haben, gefördert durch die internationale Begegnung einer großen Zahl von Bischöfen. Das Konzil wurde als ein angemessenes und aktiv zu handhabendes kirchliches Instrument zum Wohle aller empfunden. Offiziell ist klugerweise nicht über eine nächste panorthodox zu konzipierende Synode gesprochen worden. Es lag aber die Meinung in der Luft, dass die Orthodoxie nicht wieder über 1200 Jahre warten dürfe, um sich zu einer neuen Heiligen und Großen Synode zu treffen.

Die Soziallehre des Heiligen und Großen Konzils: Auf dem Weg, eine Kirche für die Welt zu werden

Natallia Vasilevich[1]

Einleitung

Das Heilige und Große Konzil der Orthodoxen Kirche, das im Juni 2016 auf Kreta stattgefunden hat, war Abschluss eines rund einhundert Jahre dauernden Vorbereitungsprozesses inmitten der dramatischen Ereignisse und rasanten gesellschaftlichen, politischen und demografischen Veränderungen des 20. Jahrhunderts. Der Weg von den ersten Bestrebungen nach panorthodoxen Entscheidungen im Bereich des kirchlichen Lebens bis hin zu den abschließenden Dokumenten des Konzils war ein intensiver Entwicklungsprozess des kirchlichen Selbstbewusstseins im Kontext dieser äußeren Faktoren und der neuen Herausforderungen durch die Moderne wie auch der Dynamik theologischer Entwicklungen und der Einbindung in den ökumenischen Dialog.

In seiner Ansprache betonte der orthodoxe Hierarch Chrysostomos, Erzbischof von Zypern, den weltzugewandten Charakter des Heiligen und Großen Konzils, der als solcher einen Wendepunkt nach „vielen Jahrhunderten der Introspektion ... und eine Konfrontation mit den drängenden Problemen der Welt"[2] markiere. Eine solche Orientierung sei notwendig

---

[1]   Die Theologin Natallia Vasilevich ist Direktorin des 2009 in Minsk gegründeten Zentrums "Ekumena" (Ökumene, http://ecumena.by, aufgerufen am 30.11.2016) und arbeitet in der Initiative für Glaubens- und Religionsfreiheit "Forb" mit (http://forb.by, aufgerufen am 30.11.2016). Zurzeit schreibt sie ihre Dissertation in Philosophie und Orthodoxer Theologie an der Universität Bonn als Stipendiatin der Evangelischen Kirche in Deutschland (EKD).

[2]   *Chrysostomos, Erzbischof von Zypern:* Rede auf dem Heiligen und Großen Konzil; in: The Wheel Issue, 6, Sommer 2016, 5–9, hier: 5.

geworden durch die geschichtlichen Transformationsprozesse, die gesellschaftlichen, epistemologischen und ökonomischen Veränderungen, und „die vielen Probleme, die die Menschen bedrängen".[3] Der Primat der Kirche von Zypern rief nicht nur die Orthodoxen auf, Verantwortung zu übernehmen im Blick auf diese äußeren Herausforderungen, sondern gab sozialen Fragen ganz klar Vorrang vor den internen Problemen der Orthodoxie. Er sah die vordringliche Aufgabe des Konzils darin, eine Antwort zu geben; denn es sei nötig, „mit dem Evangelium die Hauptprobleme einer beständigen Veränderungen unterworfenen Welt zu beleuchten und sich den neuen gesellschaftlichen Herausforderungen zu stellen".[4]

Der Vorsitzende des Konzils jedoch, der Ökumenische Patriarch Bartholomaios, wies in seiner Eröffnungsrede darauf hin, dass ein deutliches Ungleichgewicht zwischen der nach innen und der nach außen gewandten Orientierung in der Agenda des Konzils bestehe. Er erklärte, dies sei nicht einer Indifferenz der Orthodoxen Kirchen gegenüber den „existenziellen Problemen der Menschheit" geschuldet, und rechtfertigte die vorrangige Beschäftigung mit inneren Angelegenheiten der Kirche mit dem Hinweis: „Bevor die Kirche ihr Wort an die Welt richtet und mit ihren Problemen ringt, ist es erforderlich, dass sie ihr Haus in Ordnung bringt, damit ihr Wort sich als vertrauenswürdig erweist und von einer Kirche kommt, die in allem einig ist."[5]

Das Konzil behandelte in den folgenden Dokumenten ein breites Spektrum gesellschaftlicher Fragen: 1. die Botschaft des Konzils an alle orthodoxen Christen und Menschen guten Willens; 2. die Enzyklika des Heiligen und Großen Konzils der Orthodoxen Kirche, in der die gegenwärtigen weltweiten Herausforderungen benannt und aus einer theologischen Perspektive betrachtet werden; und 3. „Die Mission der Orthodoxen Kirche in der heutigen Welt", in der die Sicht der Kirche zu gesellschaftlichen Fragen ausführlich dargestellt wird.

Der vorliegende Aufsatz gibt zunächst einen Überblick über die Entwicklungen im vorkonziliaren Prozess und erörtert dann die zentralen Konzepte der Soziallehre, wie sie sich in den oben erwähnten Dokumenten darstellen.

---

[3]   Ebd.
[4]   Ebd., 6.
[5]   Ebd. (s. Anm. 2).

Geschichtliche Entwicklung

In seiner Analyse der Entwicklung der orthodoxen Haltung gegenüber der heutigen Welt während des vorkonziliaren Prozesses stellt der russische Theologe Agadjanian einen nach innen gerichteten Fokus der theologischen Reflexion fest, der sich zuallererst auf das kirchliche Selbstbewusstsein und die kirchliche Selbstorganisation richtet und Vorrang vor nach außen orientierten Fragen des Verhältnisses der Kirche zu der Welt hat.[6] Er sieht hier einen Zusammenhang mit der langsamen Entwicklung der Gesellschaften, die geschichtlich mit der Orthodoxie verbunden sind, wie auch mit der für die Orthodoxie typischen „relativen theologischen Inflexibilität, dem introspektiven Isolationismus und der vorherrschenden Ausrichtung auf den Ritus"[7] sowie auch mit dem unterentwickelten Diskurs über gesellschaftliche Fragen, dem Fehlen einer Sprache, „einer spezifisch kirchlichen Redeweise mit erkennbar christlicher Semantik und Rhetorik"[8] in Bezug auf neue gesellschaftliche Fragen. Pantelis Kalaitzidis seinerseits bringt ganz allgemein die Tendenz der orthodoxen Theologie zur Introversion und ihre ungenügenden Antworten hinsichtlich der Moderne mit den „besonderen Umständen, unter denen die Orthodoxe Kirche während des 19. Jahrhunderts und vor allem im 20. Jahrhundert existierte"[9], in Verbindung. Weitere Faktoren sind für ihn die theologischen Implikationen der Neo-Patristik mit ihrer „Rückkehr zu den Vätern", die als vorherrschendes Paradigma der orthodoxen Theologie auf „Fragen des Selbstverständnisses und der Identität"[10] fokussiert war und die das Programm einer „Entwestlichung" der orthodoxen Theologie vertrat, das „alle anderen theologischen Fragen überdeckte, so auch die Herausforderungen der modernen Welt ... an die orthodoxe Theologie"[11].

Es könnte also den Anschein haben, dass die Reflexion über gesellschaftliche Fragen in der Orthodoxie sich nur mangelhaft entwickelt habe. Dem steht jedoch entgegen, dass wir am Ende des 19. Jahrhunderts und zu Anfang des 20. Jahrhunderts eine intensive Beschäftigung innerhalb der

---

[6] *Alexander Agadjanian:* Orthodox Vision of the Modern World. Context, History and Meaning of the Synodal Document on Church Mission; in: State, Religion, Church 34 (2016), 255–279, hier: 256.

[7] Ebd., 258.

[8] Ebd., 259.

[9] *Pantelis Kalaitzidis:* Orthodoxy and Political Theology, Genf 2012, 74.

[10] Ebd., 76.

[11] Ebd., 75–76.

Orthodoxie, insbesondere in Russland, mit gesellschaftlichen Fragen fest-stellen können. Papanikolaou sieht hier eine revolutionäre Entwicklung, denn zum ersten Mal seit Jahrhunderten „wurden Fragen der orthodoxen politischen Theologie dringlich und zentral"[12]. Er sieht in der Sophiologie Solowjows, die dann von Bulgakow weiterentwickelt wurde, die Grundlage für die Versuche einer systematischen Weiterentwicklung einer politischen Theologie.[13] Nach Kostjuk war es vor allem die russische Religionsphiloso-phie, die zwar mit der Orthodoxie aber nicht mit der kirchlichen Struktur verbunden war und deshalb in einem autonomen intellektuellen Raum agierte, die sich mit gesellschaftlichen Fragen befasste. Die „scholastische Theologie jedoch vermochte nicht, eine Sprache zu finden für die gegen-wärtigen gesellschaftlichen Prozesse, diese Sprache entwickelte sich im Be-reich der Religionsphilosophie"[14]. Auch für Agadjanian ist die russische Re-ligionsphilosophie (Solowjow, Bulgakow, Berdjajew) vor der russischen Revolution und danach im Exil die Quelle einer „originär orthodoxen Re-flexion über die Welt".[15] Im Gegensatz zu Kalaitzidis sieht er hier auch ein Verdienst der Neo-Patristik, die mit ihrer starken anthropologischen Aus-richtung die Reflexion über die Gesellschaft ebenso beeinflusste wie die eucharistische Theologie.[16]

Bereits auf dem panorthodoxen Kongress 1923 in Konstantinopel, der den Beginn des präkonziliaren Prozesses markierte, nahm die Reflexion über Kirche und Welt einen bedeutenden Platz ein, obwohl das Thema nicht offiziell Teil der Agenda war, die vor allem mit Fragen des Kalenders und der zweiten Heirat verwitweter Priester befasst war. Diese auf den ers-ten Blick mehr die innere Kirchenordnung betreffenden Themen führten jedoch zu Diskussionen darüber, ob sich die Kirche an die säkulare Gesell-schaft anpassen solle, „um das Leben der Bürger zu erleichtern", indem man den Gläubigen ermögliche „denselben Kalender sowohl im weltlichen

---

[12] *Aristotle Papanikolau:* The Mystical as Political: Democracy and Non-Radical Ortho-doxy, University of Notre Dame Press 2012, 33.
[13] Ebd., 33–43.
[14] *Константин Костюк:* История социально-этической мысли в Русской Пра-вославной Церкви; *Konstantin Kostjuk:* Istorija sozialno-etičeskoj mysli v Russkoj Pravoslawnoj Zerkwi, (*Konstantin Kostjuk:* Geschichte des sozial-ethischen Denkens in der Russisch-Orthodoxen Kirche), St. Petersburg 2013, 296.
[15] *Agadjanian,* Orthodox Vision of the Modern World, 260.
[16] Ebd., 260–262.
[17] *Meletios IV.,* Ökumenischer Patriarch bei der offiziellen Eröffnung der Arbeitssitzung des Komitees der Orthodoxen Kirchen; in: *Patrick Viscuso:* A Quest for Reform of the Orthodox Church: the 1923 Pan-Orthodox Congress: an analysis and translation of its acts and decisions, Inter Orthodox Press 2006, 8.

wie im religiösen Leben zu benutzen"[17], so dass „eine Harmonie zwischen dem kirchlichen und dem bürgerlichen und weltlichen Leben der Gläubigen"[18] hergestellt werde. Für die Gegner der Kalenderreform ging es um mehr als eine nur technische Frage, sie sahen darin „ein Element einer größeren, gegen den patristischen Glauben gerichteten Kampagne"[19], der Glaube aber dürfe nicht gefährdet werden, „nur um mit der Zeit zu gehen"[20]. Bis heute hat die Kalenderfrage, neben dem Anti-Ökumenismus, eine zentrale Bedeutung für die antikonziliare Bewegung. Die Kalenderfrage erschien dann[21] schließlich aufgrund fehlender Zustimmung nicht mehr auf der endgültigen Agenda des Konzils, und es war dann das Dokument „Beziehungen der Orthodoxen Kirche zur übrigen christlichen Welt", das die größten Kontroversen[22] auf dem Konzil hervorrief.

Das nächste vorkonziliare panorthodoxe Ereignis war das Treffen der interorthodoxen Vorbereitungskommission 1930 im Kloster Vatopedi. Die Kommission, deren Aufgabe es war, eine allgemeine Agenda für eine kommende panorthodoxe Vorsynode festzulegen, setzte ein Thema, das in Bezug zur gegenwärtigen Gesellschaft stand – die Formulierung lautete: „Bessere Zusammenarbeit der Orthodoxen Kirchen … in geistlichen, ethischen und gesellschaftlichen Fragen zum Wohle der Menschen orthodoxen Glaubens" – auf den zweiten Platz (in einer Rangfolge von insgesamt 17 Themen). An die 16. Stelle kam das Thema „Erkundung von Wegen, wie die orthodoxe christliche Kultur unter den orthodoxen Nationen in all ihren Ausdrucksformen gestärkt werden kann"[23]. Obwohl sie als Themen für die Agenda der kommenden panorthodoxen Vorsynode akzeptiert wurden, gab es keine Diskussionen über sie unter den Teilnehmern der interorthodoxen Vorbereitungskommission. Der russische, im Exil lebende Theologe Kartaschow bemängelte jedoch an dem in Vatopedi erstellten Themenkatalog das Fehlen gesellschaftlicher Themen, obwohl es sich dabei „um Dauer-

---

[18] Ebd., 12.

[19] *The Holy Orthodox Church in North America:* The Struggle Against Ecumenism: The History of the True Orthodox Church of Greece from 1924 to 1994, Boston 1998, 12.

[20] Ebd., 14.

[21] Communique of the Synaxis of the Primates of the Orthodox Churches, Chambésy 2016, 21–28.

[22] Dieses Dokument wurde von 17 Bischöfen (von einer Gesamtzahl von 24 Bischöfen) der Serbisch-Orthodoxen Kirche nicht unterzeichnet, ebenso nicht von vier Bischöfen der Kirche von Zypern (stattdessen gibt es die Unterschrift des Erzbischofs von Zypern, Chrysostomos), und nicht von vier weiteren Bischöfen aus anderen Kirchen.

[23] Πρακτικά της προκαταρκτικής επιτροπής των αγίων ορθοδόξων εκκλησιών της συνελθούσης εν τη εν Αγίω Όρει Ιερά Μονή Μεγίστη, Μόνη Βατοπεδίου (8–23 Ιουνίου 1930), (Praktika tes prokatarktikes epitropes ton agion orthodoxon ekklesion tes synelthouses en te en Agio Orei Mone Megiste, Mone Watopediou [8.–23. Juni 1930]), 143–146, 149.

themen handelt, was die kirchliche Orientierung in Fragen der Politik, Wirtschaft und Kultur betrifft … die Frage der gesellschaftlichen Mission der Kirche, welches eine Frage von umfassender Bedeutung ist, die ganz neue Schwierigkeiten aufwirft".[24]

In einer späteren Phase des präkonsularen Prozesses, die mit der Ersten Panorthodoxen Konferenz in Rhodos 1961 begann, war es Erzbischof Nikodim (Rotov), der darauf bestand,[25] dass gesellschaftliche Themen, vor allem das Thema Frieden, der in Vatopedi[26] erstellten so schwächlich formulierten Themen hinzugefügt wurden, die ursprünglich die Sektion „die Orthodoxie und die Welt" bildeten. Laut Nikodim „bedeutet das Fehlen eines solchen Themas, dass einer der wichtigsten Aspekte der Mission der Orthodoxen Kirche nicht bedacht wird … Diesen Vorschlag machen wir, weil wir uns der Pflicht der Kirche Christi bewusst sind, der Welt die heilige Mission der Versöhnung unter den Völkern zu bringen".[27]

Frieden und Friedensarbeit war für die russisch-orthodoxen Hierarchen aus der Sowjetunion ein vorrangiges Thema. Der Diskurs über Friedensarbeit war eine Grundlage für prosowjetische Organisationen, wie die Prager Christliche Friedenskonferenz, die eine Alternative zum ÖRK[28] bilden sollten, und dann auch ein Hauptmotiv für die Mitarbeit in panorthodoxen und ökumenischen Organisationen, vor allem dem ÖRK, als einem Instrument internationaler sowjetischer Politik.[29] Wie Metropolit Augousti-

---

[24] *Антон Карташев:* На путях к Вселенскому собору, Париж (Anton Kartaschow: Na putjach k Wselenskomu soboru), (*Anton Kartaschow:* Auf dem Weg zum Ökumenischen Rat), YMCA-press, Paris 1932, 15–18.

[25] Заявление Главы делегации Русской Православной Церкви архиепископа Ярославского и Ростовского на Всеправославном совещании; in: Сорокин, Владимир, проф.-прот. (сост.) Митрополит Никодим и всеправославное единство. Спб.: Изд-во Князь-Владимирского собороа, 2008, 26. (Zajawlenije Glawy delegazii Russkoj Pravoslavnoj Zerkvi archiepiskopa Jaroslawskogo i Rostowskogo na Wseprwoslawnom soweschtschaniji; in: *Vladimir Sorokin* (ed.): Mitropolit Nikodim i wsepravoslavnoje edinstvo. Knias-Wladimirskij sobor Sankt-Petersburg 2008, 26). (*Vladimir Sorokin:* Metropolit Nikodim und die orthodoxe Einheit.)

[26] Beim Thema „Erkundung von Wegen, wie die orthodoxe christliche Kultur unter den orthodoxen Nationen in all ihren Ausdrucksformen gestärkt werden kann", wurde in Vatopedi der Ausdruck „orthodoxe christliche Kultur" durch „orthodoxe Zivilisation" ersetzt.

[27] *Заявление (Zajawlenije),* a. a. O., 26.

[28] Ливцов В. РПЦ и экуменическая деятельность международных просоветских организаций; in: Власть. 2008. №1. С.79–82. (*Viktor Livtsov:* RPZ i ekumeničeskaja dejatelnost meschdunarodnych prosowietskich organisatzij; in: Wlast 2008, No. 1, 79–82.)

[29] Siehe *V. Livtsov:* Use of Ecumenism as an Instrument of Soviet Foreign Policy in the Early 1960s; in: Известия Российского Государственного Педагогического Университета им. А. И. Герцена, (Isvestija Rossijkogo Gosydarstvennogo Pedagogičeskogo Universiteta. IM. A. I. Gercena) №11 (66), СПб., 2008, 223–229, hier: 225.

nos von Deutschland anmerkt: „In Zeiten des real existierenden Sozialismus war die Nennung der Friedensarbeit der Kirche ein guter Grund für die staatliche Zustimmung zur Mitarbeit der Kirchen in der Sowjetunion und ihren Satellitenstaaten."[30]

Um diese sowjetische Agenda auszugleichen, wurde in der endgültigen Fassung des Themenkatalogs von 1961 das von Nikodim vorgeschlagene Thema „Der Beitrag der Orthodoxen Kirchen zur Durchsetzung der christlichen Ideale des Friedens, der Geschwisterlichkeit und der Liebe unter den Völkern" durch den Begriff „Freiheit"[31] ergänzt. Das auf dieser Themenliste basierende und von der Dritten Präkonziliaren Panorthodoxen Konferenz 1986 in Chambésy angenommene Dokument führte dann auch noch „Gerechtigkeit"[32] als eines der Ideale an, die untrennbar miteinander verbunden sind.

Außerdem schlug die russische Delegation noch zwei weitere Themen vor, die ebenfalls in dem Dokument von 1986 berücksichtigt wurden: „D. Orthodoxie und Rassendiskriminierung"[33] (das wurde in dem Dokument von 1986 erweitert zu: „Rassen- und andere Diskriminierungen") und „E. Orthodoxie und christliche Verpflichtungen in Bereichen raschen gesellschaftlichen Wandels"[34].

Obwohl das Dokument der Dritten Präkonziliaren Panorthodoxen Konferenz in Chambésy „Der Beitrag der orthodoxen Kirchen zur Durchsetzung des Friedens, der Gerechtigkeit, der Freiheit, der Geschwisterlichkeit und der Liebe zwischen den Völkern sowie zur Aufhebung der Rassen- und anderer Diskriminierungen" stark vom sowjetischen Diskurs der Friedens-

---

[30] *Augustinos Lambardakis:* Die Orthodoxe Kirche in Deutschland und die Vorbereitung des Großen und Heiligen Konzils, KAS Hauptabteilung Politik und Beratung, Berlin, 16. Februar 2016, 3.

[31] Themenkatalog der I. Panorthodoxen Konferenz von Rhodos für die künftige Prosynode (29.09.1961); in: *Anastasios Kallis:* Auf dem Weg zum Konzil. Ein Quellen- und Arbeitsbuch zur orthodoxen Ekklesiologie, Münster 2013, 260.

[32] E. Der Beitrag der orthodoxen Kirchen zur Durchsetzung des Friedens, der Gerechtigkeit, der Freiheit, der Geschwisterlichkeit und der Liebe zwischen den Völkern sowie zur Aufhebung der Rassen- und anderer Diskriminierungen, Beschlüsse der III. Vorkonziliaren Panorthodoxen Konferenz von Chambésy/Genf (06.11.1986); vgl. *Kallis,* Auf dem Weg zum Konzil, a. a. O., 540.

[33] *Заявление (Zajawlenije),* a. a. O., 26.

[34] Dieses Thema nimmt den Titel eines Studienberichts des ÖRK auf: "Christian duties in areas of fast social changes." Hier werden ethische Fragen behandelt, „die im Zusammenhang mit gesellschaftlichem, technischem und politischem Wandel in neuen Nationen" stehen. Siehe auch: The common Christian Responsibility Towards Areas of Rapid Social Change (Report of the Working Committee of the Department on Church and Society to the Central Committee); in: The Ecumenical Review, Volume 11 (1958), 86–92; The New Delhi Report. The Third Assembly of the World Council of Churches, 1961, New York 1961, 176.

arbeit beeinflusst war, betonte es doch nachdrücklich und an erster Stelle, dass das Fundament des Friedens „die Würde der menschlichen Person" (I)[35] sei. Frieden sei die Frucht von „Freiheit, Gleichheit und sozialer Gerechtigkeit" (IV.2) und ohne diese nicht möglich und überdies gleichbedeutend mit Gerechtigkeit (IV.3).[36] Indem die Ideale von Freiheit, Würde der menschlichen Person und Gerechtigkeit betont wurden, wurde ein Gegengewicht zu dem einseitigen sowjetischen Friedensdiskurs geschaffen. Das Dokument von 1986 diente lange als grundlegender panorthodoxer Text zur Soziallehre und fungierte schließlich als Vorläufer des Dokuments des Heiligen und Großen Konzils: „Die Mission der Kirche in der heutigen Welt", der zwar in den Jahren 2014–2016 stark überarbeitet wurde, jedoch den zentralen Gedanken der „Würde der menschlichen Person" beibehielt und in den Mittelpunkt der orthodoxen Soziallehre stellte.

Das Heilige und Große Konzil 2016 und seine Soziallehre

Eine internationale Gruppe von fünfzehn orthodoxen Missiologen, die eine ausführliche Studie des Entwurfs zu „Die Mission der Orthodoxen Kirche in der heutigen Welt" erarbeitet hatte, kritisierte zwar wegen seiner „Vernachlässigung wichtiger Errungenschaften in der heutigen Weltmission"[37], attestierte dann aber genau diesem Dokument als Ergebnis des Konzils „eine außerordentlich Bedeutung"[38]. Trotzt aller Mängel ist dieses Dokument eine Bezugsgröße für eine orthodoxe Soziallehre, die als Grundlage einer positiven Entwicklung dienen kann. Im Folgenden werden hier einige seiner wichtigsten Konzepte skizziert und analysiert.

Die Identität der Kirche: nicht von dieser Welt, aber in der Welt und für die Welt

Das Vorläuferdokument von Chambésy zum späteren Dokument „Die Mission der Orthodoxen Kirche in der heutigen Welt" hatte noch keine ek-

---

[35] E. I. Die Würde der menschlichen Person – Fundament für den Frieden. – Erste Kapitel von „Der Beitrag der orthodoxen Kirchen zur Durchsetzung des Friedens … (1986); vgl. *Kallis,* Auf dem Weg zum Konzil, a. a. O., 540.

[36] E. IV., a. a. O., 543.

[37] *Bischof Athanasios Akunda, Anastasios Elekiah Kihali, et al.:* Some Comments of the Mission Document by Orthodox Missiologists; in: *Nathanael Symeonides* (ed.): Towards the Holy and Great Council. Theological Reflections, Greek Orthodox Archdiocese of America, 2016, 121.

[38] Ebd., 120.

klesiologischen Überlegungen zum Verhältnis von Kirche und Welt enthalten. Das endgültige Dokument enthielt dann eine Einleitung, die dieses Thema behandelte, vergleichbar den theologischen Erwägungen im ersten Kapitel der „Grundlagen der Sozialdoktrin der Russisch-Orthodoxen Kirche"[39].

In der Einleitung von „Die Mission der Orthodoxen Kirche in der heutigen Welt" heißt es, dass die Reflexion über die Mission nicht von der Kirche selbst ausgehe, sondern von Gott, der die Welt geliebt hat; und von der der Welt, die von Gott geliebt wurde, wie es in Joh 3,16 heißt: „Denn also hat Gott die Welt geliebt, dass er seinen eingeborenen Sohn gab, auf dass alle, die an ihn glauben, nicht verloren werden, sondern das ewige Leben haben." Das ist das eschatologische Ziel der ganzen Schöpfung, das auch die Mission der Kirche bestimmt, ihre Richtung und Orientierung – die Welt, in der „Gott wird abwischen alle Tränen von ihren Augen, und der Tod wird nicht mehr sein, noch Leid noch Geschrei noch Schmerz wird mehr sein" (Offb 21,4; Einleitung § 1). Und die Liebe Gottes konstituiert auch ihre Methodologie: eine Mission der Liebe, der Barmherzigkeit, der Versöhnung und Heilung der Wunden und des Verurteilens: die Kirche gießt „wie der gute Samariter Öl und Wein auf unsere Wunden ... Ihr Wort an die Welt zielt nicht primär darauf, diese zu richten oder zu verurteilen ... " (Einl. § 4).

Die Kirche ist aufgerufen, Vermittler und Überbringer von Gottes erlösender Mission zu sein und diese Liebe Gottes an die Welt weiterzugeben; sie ist „das Zeichen und das Abbild des Reiches des dreifaltigen Gottes in der Geschichte", nicht nur „Erfahrung und Vorgeschmack" des kommenden Gottesreiches, sondern, wie es im Untertitel des Dokuments heißt, aufgerufen, zur Verwirklichung von „Frieden, Gerechtigkeit, Geschwisterlichkeit und Liebe" beizutragen. Frieden, Gerechtigkeit, Freiheit und Liebe werden nicht länger nur als „Ideale"[40] bezeichnet, denn „die Erwartung einer Welt des Friedens, der Gerechtigkeit und der Liebe ist keine Utopie" (Einl. § 3), sondern möglich „durch die Gnade Gottes und den geistlichen Kampf" (a. a. O.) und deshalb real und realisierbar.

Obwohl die Welt gefallen ist wegen des Ungehorsams der Menschen, die die Freiheit missbraucht haben (B. 1), und das daraus folgende Böse

---

[39] Grundlagen der Sozialdoktrin der Russisch-Orthodoxen Kirche, verabschiedet vom Heiligen Bischöflichen Synod der Russisch-Orthodoxen Kirche, 13.–16. August 2000.

[40] Themenkatalog der I. Panorthodoxen Konferenz von Rhodos für die künftige Prosynode (29.09.1961); vgl. *Kallis,* Auf dem Weg zum Konzil, a. a. O., 260; Kommuniqué der I. Vorkonziliaren Panorthodoxen Konferenz von Chambésy/Genf (29.11.1976); vgl. *Kallis,* Auf dem Weg zum Konzil, a. a. O., 428.

nicht nur das moralische, soziale, wirtschaftliche und politische Leben der Menschen, sondern die ganze Schöpfung[41] betrifft, vertritt das Dokument eine optimistische Haltung hinsichtlich der Zukunft der Welt und spricht von der „Hoffnung und Zusicherung, dass das Böse, in welcher Form auch immer, nicht das letzte Wort in der Geschichte hat und ihren Lauf nicht bestimmen darf (Einl. § 4). Die Kirche trägt nicht nur die Verantwortung für eine solche Mission, sondern ist auch fähig, „zu der Überwindung (der Probleme) beizutragen, damit in der Welt der Friede Gottes, ‚der höher ist als alle Vernunft' (Phil 4,7), Versöhnung und Liebe herrschen" (Einl. § 6).

Dass die Kirche „nicht von der Welt" (Einl. § 1) ist, bedeutet nicht, dass sie sich von der Welt abwenden sollte, denn zugleich lebt sie auch „in der Welt" (ebd.). Als Leib des menschgewordenen Logos Gottes führt die Kirche die Mission Christi fort und „nimmt an unseren Nöten und existenziellen Problemen Anteil; sie nimmt – wie der Herr es tat – unsere Leiden und Schmerzen auf sich, die das Böse in der Welt verursacht" (Einl. § 4).

Wie der Ökumenische Patriarch Bartholomaios in seiner Eröffnungsrede sagte, ist die Aufgabe der Kirche die Verkündigung „des kommenden Gottesreiches, das nicht dieser Welt gleicht (vgl. Röm 12, 2)"[42]. Die Kirche sollte „auf ihre Schultern die Vielzahl der Kreuze nehmen, die auf allen Menschen lasten … unsere Aufmerksamkeit und unser Herz den Menschen zuwenden, liebevoll sich der bedrängenden Probleme annehmen, die sie bedrücken, die gute Nachricht des Friedens und der Liebe zu denjenigen, die nah und fern sind, predigen"[43]. In der Botschaft des Konzils heißt es in diesem Sinne, die Orthodoxe Kirche sei „empfindsam für den Schmerz, die Not und den Ruf nach Gerechtigkeit und Frieden für die Völker in der Welt"[44] und diese Offenheit für diesen Ruf bedeute nicht, dass die Kirche ihren sakramentalen und eschatologischen Charakter verliere.

Und in seinen missionarischen Aussagen geht das Konzil sogar noch weiter, indem es sagt, dass die Kirche, die „nicht von der Welt" ist, nicht nur in der Welt, sondern für die Welt lebt. Dieser Gedanke wird auch deutlich in den Eröffnungsreden zweier Hierarchen ausgesprochen. Zunächst war es der Ökumenische Patriarch, der mit klaren Worten die missionarische Identität der Kirche betonte, „die nicht für sich selbst lebt, sondern für die ganze Welt und ihre Erlösung",[45] und ebenso die des Heiligen und Großen Konzils, „das sich nach außen wendet und zu ‚allen Völkern' geht

---

[41] Siehe die Aufzählung des Bösen in der Welt in Kapitel B. 2.
[42] *Bartholomaios I.*, Ökumenischer Patriarch, Eröffnungsrede, a. a. O.
[43] Ebd.
[44] Die Botschaft des Heiligen und Großen Konzils der Orthodoxen Kirche, 12.
[45] *Bartholomaios I.*, Ökumenischer Patriarch, Eröffnungsrede, a. a. O.

(Mt 28,19), um die Liebe Christi allen Menschen zu bringen und sich den Wechselfällen der Geschichte auszusetzen" (a. a. O.).

Dann war es Erzbischof Anastasios von Albanien, der gleichfalls betonte: „Das Konzil ist aufgerufen, die uns allen bekannte Wahrheit zu bekräftigen, dass die Kirche nicht für sich selbst lebt. Alles was sie hat, alles was sie tut, alles was sie gibt, dient der ganzen Menschheit, soll die Welt erheben und erneuern."[46] Derselbe Gedanke prägt auch die Botschaft des Konzils als wichtigstes und grundlegendes Anliegen: „Die Grundlage unserer theologischen Diskussionen war die Gewissheit, dass die Kirche nicht für sich selbst lebt. Sie überträgt das Zeugnis des Evangeliums der Gnade und Wahrheit und bietet der ganzen Welt die Gaben Gottes: Liebe, Frieden, Gerechtigkeit, Versöhnung, die Kraft des Kreuzes und der Auferstehung und die Erwartung des ewigen Lebens."[47]

Zusammenfassend lässt sich also sagen, dass die Kirche, zu deren Kennzeichen es gehört, dass sie die Eine, Heilige, Katholische und Apostolische Kirche ist, in ihrer Identität im Verhältnis zur Welt zusätzlich gekennzeichnet ist durch Offenheit (statt Verschlossenheit), Weltorientierung (statt Selbstorientierung), Mission (statt Isolationismus), Aktivität (statt Passivität), Empathie (statt Indifferenz), Heilen (statt Verurteilen), Verantwortung (statt Verantwortungslosigkeit), Realismus (statt Idealismus) und Optimismus (statt Pessimismus).

Menschenwürde im Zentrum, Menschenrechte am Rande

In dem von der dritten vorkonziliaren Konferenz erarbeiteten Entwurf der „Missionserklärung" des Konzils war die Würde der menschlichen Person nicht nur an den Anfang gestellt worden, sondern bildete auch das substantielle Zentrum des ganzen Dokuments. Das erste Kapitel war überschrieben mit „Die Würde der menschlichen Person – eine Grundlage des Friedens", in Anlehnung an die Worte der Präambel der Allgemeinen Erklärung der Menschenrechte: „Da die Anerkennung der angeborenen Würde und dergleichen und unveräußerlichen Rechte aller Mitglieder der

---

[46] Ἀναστάσιος, Ἀρχιεπίσκοπος Τιράνων: Δυρραχίου καὶ πάσης Ἀλβανίας – Ἐναρκτήρια Συνεδρίαση τῆς Ἁγίας καὶ Μεγάλης Συνόδου, (Anastasios, Archiepiskopos Tiranon, Dyrraxiou kai pases Alwanias – Enarkteria Synedriase tes Agios kai Megales Synodou), §2.

[47] Botschaft, Einleitung § 2 (zitiert nach der deutschen Übersetzung unter www.orthodoxbruehl.de/images/downloads/Konzil_2016.pdf, aufgerufen am 30.11.2016).

[48] Die Allgemeine Erklärung der Menschenrechte wurde am 10. Dezember 1948 von der Generalversammlung der Vereinten Nationen in Paris genehmigt und verkündet (Beschluss 217 A).

Gemeinschaft der Menschen die Grundlage von Freiheit, Gerechtigkeit und Frieden in der Welt bildet ...“[48] Im ersten Abschnitt des Entwurfs wurden von der Menschenrechtserklärung allerdings nur die Würde berücksichtigt und die Gleichheit und Allgemeinheit der Rechte nicht erwähnt und im zweiten Abschnitt dann die Idee des Friedens herausgestellt.

Indem es die Würde der menschlichen Person als Fundament nahm und den Frieden als das Resultat der „Wiederherstellung aller Dinge in ihrer ursprünglichen Ganzheit vor dem Fall, als der Mensch als Ebenbild Gottes lebte“ (I. 1) definierte, kehrte dieses Dokument, in Aufnahme der Formulierung der Allgemeinen Erklärung der Menschenrechte, die Agenda um und stellte nicht nur die Würde der menschlichen Person in den Mittelpunkt, sondern auch die menschliche Freiheit, als „Nukleus ihrer Anthropologie“[49] (a. a. O., II. 2.): „In der Tat hat sich die Orthodoxie während ihrer ganzen Geschichte konsequent, unablässig und mit Eifer in den Dienst an der Würde der menschlichen Person gestellt, und zwar unter Beachtung des absoluten und universalen Charakters, den die Person im Rahmen der christlichen Anthropologie besitzt.“[50] Das Dokument „Die Mission der Orthodoxen Kirche in der heutigen Welt“ behielt diesen auf die Würde fokussierten anthropologischen Ansatz der Soziallehre bei, im Gegensatz zu den „Grundlagen der Sozialdoktrin der Russisch-Orthodoxen Kirche“ (2000), die vornehmlich gesellschaftliche Gestaltungen wie Kirche, Nation und Staat in den Mittelpunkt stellt. In der 2008 veröffentlichten Erklärung „Grundlagen der Lehre der Russischen Orthodoxen Kirche über Würde, Freiheit und Rechte des Menschen“[51] wird dann ebenfalls die Menschenwürde betont, allerdings nicht in einem fundamentalen, sondern instrumentellen Sinn, um die Theorie der Menschenrechte zu dekonstruieren und die eigene alternative Interpretation zu propagieren: „Der Grundbegriff, auf den sich die Theorie der Menschenrechte stützt, ist der Begriff der menschlichen Würde. Daraus ergibt sich die Notwendigkeit, die kirchliche Sicht der Menschenwürde darzulegen.“

Die Würde der menschlichen Person ist das Herzstück der Sozialdoktrin des Konzils, d. h. die Vorstellung von der Zentralität und Universalität der Würde des Menschen. Diese Würde beruht auf der Ebenbildlichkeit (*imago Dei*) und der Vergöttlichung (*theosis*); sie „leitet sich ab von der Erschaffung des Menschen ‚nach dem Bild und zur Ähnlichkeit Gottes‘“ und der Vorstel-

---

[49]   Ebd., II.2.
[50]   Ebd. I.2.
[51]   Grundlagen der Lehre der Russischen Orthodoxen Kirche über Würde, Freiheit und Rechte des Menschen, 2008 (Siehe: www.orththeol.uni-muenchen.de/archiv/alte_lehr-materialien/ss10_lma_anapliothis/staat-kirche-verh/rok-menschenwuerde.pdf, aufgerufen am 30.11.2016).

lung von der „Vergöttlichung des Menschen" (I.1). Die Orthodoxe Kirche beschreibt im Sozialdokument des Konzils nicht nur ihren eigenen anthropologischen Schwerpunkt, sondern ruft auch andere religiöse Traditionen dazu auf, „die höchste Würde der menschlichen Person" (A.3) zu akzeptieren, welche die gemeinsame Grundlage für den interreligiösen Dialog darstellt.[52] In der Tat sind orthodoxe Theologie, Liturgie und Askese, jede „kirchliche Lehre[,] (...) unerschöpfliche Quelle allen christlichen Bemühens zum Schutz des Wertes und der Würde der menschlichen Person" (I. 1).

Diese Bekräftigung der menschlichen Würde mündet allerdings nicht in eine institutionelle Konkretisierung. Während das Dokument von 1986 noch ganz klar aus der „Menschwerdung Gottes und der Vergöttlichung des Menschen" den Einsatz „für die Verteidigung der Menschenrechte aller Menschen und aller Völker"[53] ableitete (VIII. 2), fehlt der „Missionserklärung" und anderen Dokumenten nicht nur diese institutionelle Perspektive der menschlichen Würde, sondern sie unterminieren sogar das Konzept der Menschenrechte: Zunächst einmal, indem sie diese höheren Werte unterordnen und erklären, dass „das orthodoxe Ideal des Respekts der Menschenwürde über den Horizont der etablierten Menschenrechte hinausgeht und dass ,das größte von allem die Liebe' ist, wie Christus es offenbart hat und wie es alle Gläubigen, die ihm nachfolgen, erfahren haben".[54] Zweitens indem sie die Menschenrechte relativieren durch die „Verpflichtung und Verantwortung der Bürger und die Notwendigkeit einer ständigen Selbstkritik auf Seiten der Politiker wie der Bürger, um die Gesellschaft zu verbessern".[55] Drittens, indem sie ihre Anwendung bewertet „im Lichte ihrer Lehre über die Sakramente, die Familie, die Stellung der zwei Geschlechter in der Kirche und die allgemeinen Werte der kirchlichen Tradition".[56]

In dem oben erwähnten Kommentar der 15 Missiologen zu dem Entwurf des Missionsdokuments wird eine solche Haltung zu den Menschenrechten als „eine der stärksten Punkte des Dokuments"[57] bezeichnet. Sie übernehmen damit die russische Einstellung zu den Menschenrechten und

---

[52] Vgl. *Natallia Vasilevich:* The dignity of the human person – precondition and purpose of the interreligious dialogue in the teaching of the Holy and Great Council of the Orthodox Church, Vortrag zum ODIHR OSCE Seminar "Interreligious Dialogue for the Promotion of Tolerance and Non-Discrimination", Baku, 10.–11. Oktober 2016.

[53] Der Beitrag der orthodoxen Kirchen zur Durchsetzung des Friedens ... (1986), vgl. *Kallis,* Auf dem Weg zum Konzil, a. a. O., 549.

[54] Botschaft, 10.

[55] Ebd.

[56] Die Mission der Orthodoxen Kirche in der heutigen Welt, E. 3.

[57] Kommentare orthodoxer Missiologen zu „Die Mission der Orthodoxen Kirche in der Heutigen Welt" (Manuskript), Par. 6, S. 4–5; vgl. die Kurzversion; in: *Symeonides,* Towards the Holy and Great Council, a. a. O. (s. Anm. 37).

kritisieren den Individualismus und die unkontrollierte Freiheit als mitverantwortlich für die Fehler der Moderne; für sie sind „die Menschenrechte von keinerlei Nutzen, wenn sie nicht von ‚menschlichen Verantwortlichkeiten' begleitet werden" (a. a. O.). Sie schlagen deshalb vor, in die endgültige Fassung des Dokuments eine Erklärung hinsichtlich der „Notwendigkeit des breiten Eintretens für eine rechtlich anerkannte ‚Allgemeine Erklärung der menschlichen Verantwortlichkeiten'" (a. a. O.) aufzunehmen, die eine wesentliche Bedingung der Weltmission sei.

Zwei andere Gruppen von Theologen, die den Entwurf ebenfalls kommentierten, kritisierten „die bruchstückhafte Anwendung des Menschenrechtsdiskurses"[58]. Die erste Gruppe betonte, dass die Idee der Menschenrechte – die allgemein, ohne Beschränkungen oder Unterschiede gültig seien – wegen ihrer „grundsätzlichen Übereinstimmung mit der Lehre des Evangeliums über die Würde der Person" (a. a. O.) gestärkt werden solle. Im gleichen Sinne bezeichnete die zweite Gruppe die Anerkenntnis der Menschenrechte als „das erforderliche Minimum, damit die Menschenwürde sich entwickeln könne"[59]. Die Menschenrechte haben in der Tat eine institutionelle Schwäche, sie können Frieden, Gerechtigkeit und Liebe nicht garantieren, stehen aber Verantwortungen und Verpflichtungen auch nicht entgegen. Trotz ihres Ungenügens sollten sie jedoch in modernen Gesellschaften die Schlüsselfunktion eines notwendigen Minimums haben, das die Reichweite der Menschenwürde zwar nicht ausschöpft, aber dieses Minimum verteidigt. Ihre Ideale sollten in eine institutionelle Dimension „übersetzt" werden, die der Soziallehre des Konzils allerdings ganz offensichtlich fehlt. Es besteht also ein gewisser Widerspruch zwischen der zentralen Bedeutung, den die Menschenwürde im Aufbau des Dokuments hat, und der marginalen Bedeutung der Menschenrechte, die die ganze Konstruktion gefährdet.

Theologische Grundlagen des gerechten Friedens[60]

Wie bereits erwähnt, war die Verwirklichung des Friedens als das Hauptziel der kirchlichen Mission von den Vertretern der Kirche in der So-

---

58 *Davor Dzalto, Effie Fokas et al.:* Orthodoxy, Human Rights and Secularization; in: *Symeonides,* 2016, a. a. O. (Anm. 35), 104.
59 *Robert M. Arida, Susan Ashbrook-Harvey et al.:* Defending Human Dignity: A Response to the Pre-conciliar Document "The Mission of the Orthodox Church in Todays' World", Symeonides, Towards the Holy and Great Council, a. a. O., 108.
60 Dieser Abschnitt stützt sich auf einen Vortrag der Autorin auf der Tagung „Kirche des gerechten Friedens werden", Hamburg, Evangelische Akademie der Nordkirche, 2. Dezember 2016.

wjetunion vorgeschlagen worden, wobei sie sich an der politischen Frie-
densagenda der Sowjetunion orientierten. Das erste panorthodoxe Dokument, das die III. Präkonziliare Pan-Orthodoxe Konferenz in Chambésy
(1986) formulierte, war stark beeinflusst von der sowjetischen Friedenspo-
litik. Konkret schlugen sich die sowjetischen Abrüstungsvorschläge im Kapitel V., „Der Frieden als Abwendung des Krieges"[61], nieder, das die in Kapitel I. dargelegten Friedensvorstellungen weiterentwickelt, die über eine
„Abwesenheit von Krieg" weit hinausgehen. Trotzdem wird darin eingangs
hervorgehoben, dass das Fundament für den Frieden „die Würde der
menschlichen Person" (I) sei; Friede sei die Frucht der „Herausstellung der
Heiligkeit und der Erhabenheit der menschlichen Person als Abbild Gottes,
... Freiheit, Gleichheit und sozialer Gerechtigkeit" und ohne diese nicht
möglich (IV.2), ja sogar gleichbedeutend mit Gerechtigkeit (IV.3). Einerseits setzte das Dokument der exklusivistischen sowjetischen Friedensposi-
tion durch die Ideale des Friedens, der Würde der menschlichen Person
und der Gerechtigkeit ein Gegengewicht entgegen. Andererseits aber wurden diese Ideale zum Vorwand der Rechtfertigung der Zulassung des Krieges, „wenn dadurch die Wiederherstellung der zertretenen Gerechtigkeit
und Freiheit erreicht werden kann" (V.1.).

Die Russisch-Orthodoxe Sozialdoktrin (2000)[62] setzt dieses gleiche
Prinzip der Zulassung eines Krieges fort, den sie zwar als Übel betrachtet,
welches aber „notwendig" sei, wenn er der „Sicherheit der Nächsten oder
der Wiederherstellung der zertretenen Gerechtigkeit" diene (VIII. 2), und
findet in den Worten Christi „Wer das Schwert nimmt, soll durch das
Schwert umkommen" (Mt 26, 52) die Rechtfertigung des „gerechten Krieges" (VIII. 3.). In der letzten Phase des präkonziliaren Prozesses (2014–
2016) wurde das Dokument von 1986 stark überarbeitet und die Idee des
„gerechten Krieges" gestrichen.

In „Der Auftrag der Orthodoxen Kirche in der heutigen Welt" ist die
Würde der menschlichen Person das Herzstück der Sozialdoktrin und auch
für den Frieden maßgeblich. Alle Ideale – des Friedens, der Gerechtigkeit,
der Freiheit, der Geschwisterlichkeit und der Liebe gruppieren sich um die
Würde der menschlichen Person, welche die Grundlage für „innerchristliche Zusammenarbeit zum Schutz der Würde der menschlichen Person" ist,
die „auf dieser Grundlage und in alle Richtungen entwickelt wird", „damit
die Friedensbemühungen aller Christen ohne Ausnahme größeres Gewicht
und größere Kraft erhalten" (A.2). Die Bewahrung des Friedens ist nicht

---

[61]   Der Beitrag der orthodoxen Kirchen zur Durchsetzung des Friedens ... (1986); vgl. *Kallis, Auf dem Weg zum Konzil*, a. a. O., 540.

[62]   Grundlagen der Sozialdoktrin der Russisch-Orthodoxen Kirche, a. a. O.

vom Schutz der menschlichen Würde zu trennen, ja, sie ist im Grunde der Schutz der menschlichen Würde.

Authentischer Friede ist nicht nur untrennbar verbunden mit den anderen Idealen, sondern ist ihre Frucht. (C. 1) Der theologische Hintergrund ist hier der Gedanke der Wiederherstellung (recapitulation), die ein dynamisches Verständnis von Frieden als wegweisendes eschatologisches Ziel ermöglicht, das es allerdings bereits hier und heute zu verwirklichen gilt.: „Ebenso betrachtet es die Orthodoxe Kirche als ihre Pflicht, nach dem zu streben, was zum Frieden beiträgt (Röm 14,19) und bereitet den Weg für Gerechtigkeit, Geschwisterlichkeit, die wahre Freiheit und die gegenseitige Liebe zwischen allen Kindern des einen himmlischen Vaters sowie zwischen allen Völkern, die eine einzige Menschenfamilie bilden" (C. 5).

Authentischer Friede geht mit Gerechtigkeit einher. Das Konzilsdokument bezieht sich auf Clemens von Alexandrien und sieht eine Synonymität zwischen Frieden und Gerechtigkeit und den Zusammenhang zwischen der Suche nach Frieden und nach Gerechtigkeit (C. 2). Mit dieser Verknüpfung von Frieden und Gerechtigkeit lehnt das Konzil das Konzept vom „gerechten Krieg" ab: Die Kirche Christi verurteilt generell den Krieg, den sie als Folge des Bösen und der Sünde in der Welt betrachtet. „Woher kommen die Kriege bei euch, woher die Streitigkeiten? Doch nur vom Kampf der Leidenschaften in eurem Innern" (Jak 4, 1). Jeder Krieg bedroht die Schöpfung und das Leben. Insbesondere verurteilt die Orthodoxe Kirche entschieden die diversen Konflikte und die Kriege, die aus religiösem Fanatismus entfacht werden, die also Religion instrumentalisieren; ebenso werden die Kriege verurteilt, die aus Nationalismus entfacht werden (D. 3). In seiner Enzyklika[63] verurteilt das Konzil den Missbrauch der Religion für Konflikte und betrachtet nur die Suche nach Frieden als wahren Glauben: „Das Öl des Glaubens muss genutzt werden, um die Wunden der anderen zu behandeln und zu heilen und nicht, um neue Feuer des Hasses zu schüren" (a. a. O., Par.17).

Friedenstiftender Diskurs und tatsächliche Anstrengungen, den Frieden wieder herzustellen, können große Unterschiede aufweisen: Friede ohne Gerechtigkeit ist ein „falscher Friede". In neueren militärischen Konflikten, insbesondere wenn Religion mit im Spiel ist, haben die Kirchen durchaus unterschiedliche Ansichten. Seit einigen Jahrzehnten hat sich die orthodoxe Friedensethik maßgeblich weiter entwickelt. Trotzdem gibt es immer noch einen Widerspruch zwischen allgemeinen theologischen Stellungnahmen und dem Umgang mit konkreten Konfliktsituationen.

---

[63] Enzyklika des Heiligen und Großen Konzils der Orthodoxen Kirche.

Zwar versucht die Orthodoxe Kirche in ihrem Konzilsdokument die beiden Extreme eines eschatologischen Utopismus und eines realpolitischen Zynismus in der Frage von Frieden und Gerechtigkeit zu vermeiden, aber es fehlt trotzdem immer noch an einer realistischen institutionellen Dimension. Wie im Falle des Gegensatzes von Menschenwürde und Menschenrechten vermeidet das Konzil in der Frage von Frieden und Gerechtigkeit klare Aussagen zu Institutionen und Strukturen. Allerdings lässt sich ein substantieller Wandel des Diskurses beobachten und dies ist ein bedeutsames Ergebnis des Konzils.

Schlussbemerkungen

Das Heilige und Große Konzil hat während der Jahrzehnte der Vorbereitung und der Tage, in denen es dann stattfand, Dokumente erarbeitet und verabschiedet, die in der modernen Orthodoxie ohne Vorbild sind. Diese Dokumente stellen eine theologische Grundlegung der Soziallehre dar; und weil die Kirche „nicht von der Welt ist", benennen sie das eschatologische Ziel der Welt und der gesamten Schöpfung, welches eine Wiederherstellung ist, ein Vorgeschmack des Reiches Gottes; und weil die Kirche auch „in der Welt" lebt, benennen sie ein breites Spektrum von Problemen der modernen Welt und Gesellschaft. Wir wissen, wo wir stehen; wir wissen, wohin wir gehen. Im Rezeptionsprozess des Konzils ist die zentrale Frage die, wie wir den Weg ebnen, wie wir die theologischen Konzepte, Werte, Ideale und prophetischen Visionen in Institutionen, politische Strategien und Normen übersetzen, deren Ziel „Ausdruck der Liebe und Gestaltung dieser Liebe durch Gerechtigkeit"[64] ist. Diesem Aufruf zu folgen und „Kirche für die Welt" zu werden, sind wir in via.

Übersetzung aus dem Englischen: Dr. Wolfgang Neumann

---

[64] Towards a New Christian Social Ethics and New Social Policies for the Churches, WCC Conference on Faith, Science and the Future, MIT, Boston, 1979; in: *Michael Kinnamon/Brian E. Cope* (eds.): The Ecumenical Movement. An Anthology of Key Texts and Voices, Geneva 1997, 312.

Das Heilige und Große Konzil auf Kreta aus der Sicht der Serbisch-Orthodoxen Kirche

Ilija Romic[1]

Wenn man versucht, mit einem Wort das Leben und Wirken der Orthodoxen Kirche zu beschreiben, wäre das Wort (die Antwort): Konzil (serbisch: *sabor*-Gemeinschaft)! Egal welcher Sprache sich die Kirche bedient, der griechischen, georgischen, deutschen, russischen oder serbischen, stellt sie als lokale Kirche in ihrer Struktur immer ein Konzil dar. Das gläubige Volk, versammelt um den Bischof in der Eucharistie, stellt faktisch die Kirche dar. Kurz gesagt, auf diese Weise manifestiert sich die Orthodoxe Kirche in der Welt und in der Geschichte. Warum deshalb dieses große Beharren am Konzil und der Gemeinschaft seitens der Kirche? Die Orthodoxe Kirche glaubt, die gleiche Tradition bewahrend, ausgehend von der apostolischen Zeit, über die heiligen Väter und durch die Jahrhunderte, dass ihre heilige Aufgabe in der Geschichte unter anderem ist, Gott zu *ikonisieren,* d. h. das Mysterium der Heiligen Dreiheit existentiell durch ihre Struktur und ihr Leben in den heiligen Mysterien zu bestätigen. Die Orthodoxe Kirche bietet in ihrer Spiritualität dem Menschen die Teilnahme an ihrem Leben, damit er praktisch das Leben der Heiligen Dreiheit erkennt und selber lebt.

Um zu erfahren, wie dies gelingt, müssen wir zuerst etwas über das orthodoxe Verständnis der Heiligen Dreiheit sagen. Für die Orthodoxen war es schon immer ein Mysterium, wie drei freie und unabhängige Hypostasen (Vater, Sohn und Heiliger Geist) doch ein Gott sein können. Was ist das für ein Geheimnis, das gegen jede Logik spricht, dass die „Vielfalt" doch eine „Einheit" ist? Die Antwort ist *Konzil* oder *Gemeinschaft;* stellen doch Vater, Sohn und Heiliger Geist den göttlichen *sabor* dar, begründet um die Hypostase des Vaters, durchdrungen durch die Liebe, wegen der es

[1] Vater Ilija Romic ist Gemeindepriester der Serbisch-Orthodoxen Kirche in München.

unter ihnen nichts gibt, was nicht gemeinsam ist, d. h. was nicht eins ist. Deswegen hat die Orthodoxe Kirche durch die Jahrhunderte darauf Wert gelegt, mit ihrem liturgischen, asketischen und theologischen Dasein Zeugnis abzulegen, dass die Vielzahl der Christen, versammelt in der Eucharistie, ein *wesenseines* Leben leben, in dem sie gemeinsam aus demselben Kelch essen und trinken. Neben aller gegenseitigen Spezifität und Vielfalt, sind Einheit und die Wesenseinheit die ekklesiologischen Prinzipien der Orthodoxen Kirche par excellence. Wenn Christen eucharistisch leben, d. h. im Geiste eines *sabor,* dann denken und sprechen sie im Laufe ihres Lebens konziliar (gemeinschaftlich).

Doch der Glaube, die Betrachtung und die Gründung des *ethos* der Kirche, gehörten einer anderen Art von Konzil an. Hier denken wir an die Ökumenischen und Lokalen Konzilien der Kirche. Ihrer Struktur nach sind sie nichts anderes als eine eucharistische Gemeinschaft, zusammengekommen mit dem Ziel an der Qualität der Einheit und der Wesenseinheit der Kirche zu arbeiten. Im christlichen Osten, beginnend mit dem apostolischen Zeitalter und weiter durch die byzantinische Epoche, waren solche Konzilien eine Regelmäßigkeit. Die Geschichte bewahrt die Erinnerung an viele Konzilien, doch wollen wir hier nur einige aufzählen: Das Konzil von Nicaea 325, von Chalcedon 451, und von Nicaea 787 u.s.w.

Dies waren in erster Linie Zusammenkünfte von Bischöfen und anderen Dienern der Kirche, die, wie die Apostel, mit der Hilfe des Heiligen Geistes versucht haben, Antworten auf historisch bedingte Herausforderungen, die meist dogmatischen Charakter hatten, zu geben. Alle dogmatischen Formeln, kanonischen Entscheidungen und Dekrete, die auf diesen Konzilien gebracht wurden, sind bindenden Charakters für jede Lokalkirche auf der Welt, und im liturgisch-kanonischen Leben der Kirche umsetzbar.

Mit dem Fall Konstantinopels 1453 unter die Osmanen, wo sich noch heute der Sitz des ökumenischen Patriarchen befindet, welcher der Erste unter den gleichgestellten orthodoxen Patriarchen ist, und auch der Fall anderer Patriarchen-Sitze des Ostens, wo ebenfalls Konzilien abgehalten wurden, machte die Abhaltung eines Konzils aus diesen Gründen unmöglich. Etwas bessere historische Gegebenheiten wurden in der zweiten Hälfte des 20. Jh. sichtbar. Schließlich wurde das Konzil nach jahrzehntelanger Vorbereitung vom 18. bis zum 26. Juni 2016 auf Kreta einberufen.

Die Vorbereitung lief gut, bis zu dem Zeitpunkt, als die Patriarchate von Bulgarien und Georgien abgelehnt haben, daran teilzunehmen, da in die erarbeiteten Dokumente deren Vorschläge nicht aufgenommen wurden. Nach kurzer Zeit entschloss sich das Patriarchat von Moskau ebenfalls dem Konzil mit der Begründung fernzubleiben, dass das Konzil noch Vorbereitungszeit brauche.

Die Bischöfe der Serbisch-Orthodoxen Kirche, mit ihrem Patriarchen Irinej, hatten von Anfang an die einheitliche Einstellung, am Konzil mitzuwirken. Doch schon bald erfährt die serbische Öffentlichkeit über die Medien von Uneinigkeiten und „Konflikten" zwischen zwei Gruppen von Bischöfen innerhalb der serbischen Kirche. Dieselben Medien veröffentlichen Artikel über eine angebliche „Animosität" zwischen den slawischen und hellenischen Kirchen, das Konzil richte sich wegen der politischen Situation in der Welt gegen die Kirche von Russland, so dass die serbischen Bischöfe deshalb uneins sind, ob sie am Konzil teilnehmen sollen oder nicht, da eine Gruppe der Bischöfe Moskau treu sei und die andere Konstantinopel.

Die Wahrheit aber ist, dass die Bischöfe der Serbisch-Orthodoxen Kirche, angeführt von ihrem Patriarchen Irinej, ein pastorales und ein theologisches Dilemma vor sich hatten. Das pastorale Dilemma bestand darin, ob und wie das Konzil beim gläubigen Volk angenommen wird, angesichts des jahrhundertelangen Fehlens solcher Zusammenkünfte. Das theologische Dilemma bestand darin, dass, wenn einige Kirchen nicht anwesend sind, somit das Prinzip der Einheit und der Wesenseinheit als elementare ekklesiologische Richtlinien verletzt werden könnte, und somit der Sinn des Konzils in Frage geraten würde. Letztlich sind die Bischöfe der Serbisch-Orthodoxen Kirche, angeführt von ihrem Patriarchen, nach Kreta gereist, wo sie am Konzil teilgenommen haben. Jeder, der den theologischen Diskurs einiger Bischöfe der SOK kennt, die unter anderen auch Autoren bedeutender theologischer Werke sind, wird den Einfluss derselben auf die Entscheidungen des Konzils schnell in der Inspiration, Terminologie und Systematik erkennen, der sich maßgeblich in den Themen der eucharistischen Theologie, Säkularisierung, der Bioethik u. a. bemerkbar macht.

Gewiss ist, dass die Orthodoxe Kirche keine Probleme mit gegenwärtigen Irrlehren hat, die ihren Leib zerrütten, doch hat sie nach Jahrhunderten in Unfreiheit doch einiges der jetzigen Welt zu sagen. Die Serbisch-Orthodoxe Kirche durchlebt das Konzil von Kreta metaphorisch gesagt, als Ausgang aus den Katakomben, nach dem man fünf Jahrhunderte im Dunkel des osmanischen Imperiums, der faschistischen und kommunistischen Ideologie lebte. Das Konzil war somit die Gelegenheit, die Gaben des Heiligen Geistes mit den anderen Schwesterkirchen zu teilen. Deswegen haben die Bischöfe der SOK die Hoffnung, in näherer Zukunft einem neuen Konzil beizuwohnen, an welchem alle Orthodoxen Kirchen, ohne Ausnahme, teilnehmen werden, wegen der Liebe zu Christus unserem Gott, und ohne zu zögern die Themen und Probleme behandeln werden, die auf Kreta schon bearbeitet wurden, und den heutigen Menschen befallen.

Die Angst vor dem Geist

Das Heilige und Große Konzil und die orthodoxen Anti-Ökumeniker[1]

Georgios Vlantis[2]

1. Die antikonziliare Polemik der Anti-Ökumeniker

Seit 2014, als die Oberhäupter der Orthodoxen Kirchen die Einberufung des Heiligen und Großen Konzils beschlossen haben,[3] bildete sich allmählich eine Allianz von ultrakonservativen Gruppen, die leidenschaftlich gegen das lange erwartete große konziliare Ereignis kämpfte. Auch heute, mehrere Monate nach dem Abschluss der Arbeiten dieses Konzils (18.–26.06.2016),[4] bleibt ihr Netzwerk durchaus aktiv und polemisiert gegen

---

[1] Der vorliegende Aufsatz ist die überarbeitete Version eines griechischen Originals, das unter dem Titel „Ο φόβος μπροστά στο Πνεύμα. Η Αγία και Μεγάλη Σύνοδος και οι φονταμενταλιστές" in folgenden griechischen Webseiten und Blogs erschien: http://panagiotisandriopoulos.blogspot.be/2016/06/blog-post_16.html (aufgerufen am 11.06.2016); www.amen.gr/article/o-fovos-brosta-sto-pnevma (aufgerufen am 11.06.2016); www.nyxthimeron.com/2016/06/blog-post_41.html (aufgerufen am 11.06.2016); www.parathemata.com/2016/06/blog-post_11.html (aufgerufen am 11.06.2016); http://acadimia.org/index.php/el/8-nea-anakoinoseis/940-o-fovos-brosta-sto-pneyma-i-agiakai-megali-synodos-kai-oi-fontamentalistes (aufgerufen am 11.06.2016); http://fanarion.blogspot.de/2016/06/blog-post_78.html (aufgerufen am 13.06.2016).

[2] Georgios Vlantis, M. Th. ist Geschäftsführer der Arbeitsgemeinschaft Christlicher Kirchen in Bayern und Wissenschaftlicher Mitarbeiter der Theologischen Akademie von Volos, Griechenland.

[3] Siehe die Botschaft des Treffens der Vorsteher der Orthodoxen Kirchen in Konstantinopel/Istanbul vom 06.–09. März 2014; in: Orthodoxie Aktuell 18, März-April 2014, 24–26.

[4] Dt. Übersetzung: *Barbara Hallensleben* (Hg.): Einheit in Synodalität. Die offiziellen Dokumente der Orthodoxen Synode auf Kreta, 18. bis 26. Juni 2016, [Epiphania · Egregia 12], Münster 2016. Leider wird im Titel der Publikation nicht das Selbstverständnis des Konzils wiedergegeben, das sich selbst als „Heiliges und Großes Konzil" versteht. Die Übersetzung des griechischen Begriffes „σύνοδος" mit „Synode" ist auch irreführend. „Synode" impliziert ein institutionalisiertes, periodisch tagendes Gremium. Das Wort „Konzil" bringt hingegen die Realität eines außerordentlichen Synodalereignisses zum

die positive Rezeption der Beschlüsse von Kreta.[5] Alle diese Gruppen prägen eine traditionalistische Orientierung, ein ideologischer Antiokzidentalismus[6] und eine entschieden anti-ökumenische Haltung, die auf einer exklusivistischen Ekklesiologie (*extra ecclesiam nostram nulla salus*) begründet wird.[7] Diese Allianz geht über die geographischen und sprachlichen Grenzen der einzelnen Autokephalen Kirchen hinaus: Publikationen und Internet-Beiträge werden z. B. schnell in mehrere Sprachen übersetzt, Mönche oder Kleriker (auch Bischöfe) aus verschiedenen Ländern besuchen einander und bieten gemeinsame Veranstaltungen gegen das Konzil an.[8]

Die vielen konzilsfeindlichen Texte der letzten Jahre beanspruchen keine Originalität. Dieselben Argumente werden immer wieder gebraucht[9] und sogar in einem oft aggressiven Ton und in plakativen Schemata mit harten Beschuldigungen gegen die konzilstreuen Kleriker und Theologen.

Ausdruck, und dies ist in Kreta der Fall gewesen. Die ohne Belege formulierte Behauptung, dass in der Orthodoxie zwischen den beiden nicht unterschieden wird ebd., II, ist falsch; siehe dagegen z. B. *Panagiotis Boumis:* Κανονικόν Δίκαιον, Athen 1991, 203–204.

[5] In einem Schreiben an den Erzbischof von Athen Hieronymos II. vom 18.11.2016 verurteilt der Ökumenische Patriarch Bartholomaios I. scharf Aktivitäten von Mitgliedern der Kirche Griechenlands gegen das Konzil von Kreta und erwähnt namentlich den führenden Anti-Ökumeniker Theodoros Zisis und seine internationale antikonziliare Tätigkeit. Eine englische Übersetzung des Dokuments gibt es im Blog des ökumenefeindlichen Klerikers Peter Heers, der ein amerikanischer orthodoxer Konvertit ist: https://orthodox ethos.com (aufgerufen am 15.12.2016).

[6] Zum großen Thema des orthodoxen Antiokzidentalismus siehe Angelos Giannakopoulos: Antiokzidentalismus und ostkirchliche Tradition, Zeitschrift für Religionswissenschaft 10 (2002), 119–129; *Pantelis Kalaitzidis:* Ελληνικότητα και αντιδυτικισμός στη „Θεολογία του '60" (unveröffentlichte Diss., Aristoteles-Universität von Thessaloniki 2008); *Vasilios N. Makrides:* Orthodox Anti-Westernism Today: A Hindrance to European Integration?, International Journal for the Study of the Christian Church 9 (2009), 209–224.

[7] Über die Ekklesiologie der orthodoxen Anti-Ökumeniker im Allgemeinen siehe z. B. die Bemerkungen von *Peter Bouteneff:* Ecclesiology and Ecumenism; in: *Augustine Casiday* (ed.): The Orthodox Christian World, New York 2012, 369–382, hier: 378–381.

[8] Traditionalistische, anti-ökumenische Texte werden z. B. in Griechenland in der Wochenzeitung Ορθόδοξος Τύπος und in den Zeitschriften Θεοδρομία und Παρακαταθήκη veröffentlicht. Im Internet gibt es eine unüberschaubare Menge an entsprechenden Webseiten und Blogs, z. B.: www.imp.gr [Metropolie von Peiräus]; www.impantokratoros.gr; https://apotixisi.blogspot.de; https://paterikiparadosi.blogspot.de; http://apotixisis.blogspot.de (aufgerufen am 17.12.2016).

[9] Z. B. harte Kritik an dem Entscheidungsprozess und der Agenda von Kreta, Infragestellung des panorthodoxen Charakters des Konzils mit Hinweis auf die nicht daran teilgenommenen Kirchen, Darstellung des Ereignisses als Machtausdruck des Ökumenischen Patriarchates und der ihm gegenüber freundlichen Kirchen, die angeblich die Orthodoxie mit ihrer ökumenischen Offenheit verraten.

In verschiedenen orthodoxen Kontexten werden Veranstaltungen gegen das Konzil organisiert, die sogar aus kirchenrechtlicher Sicht sehr fragwürdig sind.[10] Ultrakonservative Bischöfe üben dabei eine führende Rolle aus. Monastische Kreise machen aktiv bei diesem Versuch der Infragestellung des Konzils mit. Hier darf man den negativen Beitrag von vielen Mönchen des Berges Athos nicht unterschätzen; auch wenn offiziell die Gremien des Heiligen Berges solche Praktiken nicht annahmen, spürte man die deutliche Zurückhaltung der meisten Mönche dem Konzil gegenüber. Ein starkes athonisches pro-konziliares Votum fehlte und fehlt immer noch. Obwohl die Mönche des Athos in ihrer Spiritualität die Tugend des Gehorsams besonders hervorheben, erklären sie sich nicht immer bereit, sie gegenüber ihrem Bischof, dem Ökumenischen Patriarchen von Konstantinopel, positiv zu praktizieren und entschieden für das Konzil zu sprechen.

Die Krise, die kurz vor dem Beginn des Konzils ausbrach und dessen Realisierung für eine Weile in Frage stellte, hat sicherlich viele Gründe: Neben der Instrumentalisierung von bilateralen Unterschieden oder geopolitisch bedingten nationalistischen Machtansprüchen darf man die Rolle extremistischer Gruppen im Inneren einiger Kirchen nicht ignorieren bei ihrer Entscheidung, im letzten Moment ihre Teilnahme am Konzil abzusagen. Diese Gruppen lieferten Argumente für einige Erklärungen der Synoden dieser Kirchen, die mit ihrem Verzicht auf das Konzil die Traditionalisten für eine Weile beruhigten.

2. Eine salonfähige (?) Radikalisierung

Radikalisierungsprozesse, dank derer extreme Positionen „salonfähig" werden, betrachtet man auf verschiedenen Ebenen weltweit. Die Orthodoxie bildet dabei keine Ausnahme. Die populistische Rhetorik von Vertretern ultrakonservativer theologischer Ansichten, die Schwächen von Synodalgremien und ihrer Vorsteher, aber auch systematisch-theologische Defizite[11] und ein gewisser Elitismus von progressiven Theologen, die sich

---

[10] Z. B. die Tagung „Heiliges und Großes Konzil: Große Vorbereitung, ohne Erwartungen", eine gemeinsame Veranstaltung u. a. der Metropolien von Gortyna, Glyfada, Kythira und Peiräus der Kirche Griechenlands (Peiräus, 23.03.2016): http://thriskeftika.blogspot.de/2016/02/blog-post_93.html (aufgerufen am 17.12.2016).

[11] „Obwohl die Orthodoxie bereits seit Jahrzehnten eine breite ökumenische Tätigkeit entfaltet, vermisst man ihrerseits noch immer eine klare Antwort über den ekklesialen Status der anderen Kirchen. Solange sie in einem exklusivistischen Verständnis des Schemas Orthodoxie-Häresie mehr oder weniger gefesselt bleibt, kann die Andersheit der

mit den Herausforderungen der Fanatiker nicht beschäftigen wollen, tragen dazu bei, dass traditionalistische, anti-ökumenische Gruppen stark an Einfluss im Leben vieler orthodoxer Kirchen gewinnen.

3. Ist der Heilige Geist creator spiritus?

Zu den Voraussetzungen der traditionalistischen und anti-ökumenischen Strömungen gehört eine defizitäre Pneumatologie, eine gewisse Angst vor dem Heiligen Geist, die de facto Leugnung seiner Dimension als *creator spiritus,* die starke Befürchtung, dass ein Konzil das Vertraute und Gewöhnte in Frage stellen wird. Die Verabsolutierung des Tradierten führt die ultrakonservativen Gruppierungen zu einer quasi heidnischen Beharrlichkeit auf einem Kreis selbstgefälliger, narzisstischer Wiederholungen. Diese Haltung erklärt sich natürlich nie als solche, de facto aber verletzt sie den Kern der Leib-Christi-Ekklesiologie: Ein Leib wächst, entwickelt sich, oder es ist einfach kein Leib. Die Traditionalisten befürchten das *novum* des Geistes, die Möglichkeit, dass der Geist durch ein Konzil etwas Neues mit seinem „gewaltigen Sturm" (Apg 2,2) herbringen könnte. Theologiegeschichtlich gesehen birgt ihre Haltung ein Paradoxon: Die Bekämpfung des Neuen im Namen der Tradition ist selber gegen die Tradition der Orthodoxen Kirche; der Traditionalismus ist an sich als ein „νεωτερισμός", als „Neuerung"[12] wahrzunehmen.[13]

---

anderen Kirchen nur als Entfremdung und Inauthentizität wahrgenommen werden. Wenn die Orthodoxie nicht weiter in die Richtung einer dynamischen Ekklesiologie arbeitet, welche die in via-Situation von Kirchen positiv einsieht, die sich als Kirchen gemeinsam auf dem Weg zur Wiederherstellung der vollen sichtbaren Einheit des Leibes Christi befinden, dann werden die anti-ökumenischen Strömungen weiterhin stark bleiben. Die Unfähigkeit, das positive ekklesiologische Potential und die verschiedenen Gaben des nicht-orthodoxen Gesprächspartners wahrzunehmen, kann nur zur Lähmung der ökumenischen Tätigkeit der Orthodoxie führen" (*Georgios Vlantis:* Das Heilige und Große Konzil: Herausforderungen und Erwartungen; in: Ökumenische Rundschau 64 [2015], 357–364, hier: 360).

[12] Dieser in byzantinischen Texten geläufige Begriff wird eingesetzt, um vor theologischen Behauptungen zu warnen, die den tradierten Glauben der Christen, die Authentizität der geoffenbarten und in der Kirche bewahrten Botschaft Christi in Frage stellen. Allerdings führt der undifferenzierte Weitergebrauch dieses Begriffes in den Texten zeitgenössischer orthodoxer Theologen zu Verwirrungen, die leider Stereotypen einer erneuerungsresistenten, traditionalistischen Orthodoxie bestätigen.

[13] *Georgios Vlantis:* The Changing World as Challenge to the Churches. An Orthodox Perspective; in: *Dagmar Heller/Peter Szentpétery* (Hg.): Umstrittene Katholizität: Von der zwiespältigen Beziehung zwischen Vielfalt und Einheit. Tagungsbericht der 18. Wissenschaftlichen Konsultation der Societas Oecumenica/Catholicity under Pressure: The Am-

In den großen Stunden der ostkirchlichen Kirchengeschichte erlebte man nämlich und feierte sogar das *novum,* das nicht als Infragestellung, sondern als Bestätigung und Vertiefung des Tradierten und als Frucht des Geistes wahrgenommen wurde. Basilios von Caesarea oder Gregor der Theologe z. B. trugen zur Pneumatologie in vollem Bewusstsein bei, dass sie etwas Neues einbringen.[14] Das Studium der Tradition überrascht, weil sie nicht nur Kontinuität, sondern auch Brüche mit dem Gewohnten und Mut für neue Schritte aufweist: Die Diskussion in den Gemeinden der ersten Christen über die Bedeutung der Beschneidung gilt als typisches Beispiel dafür.

4. Die Defizite der exklusivistischen Ekklesiologie

Defizite sind deutlich in der exklusivistischen Ekklesiologie der Traditionalisten, die selber Frucht einer fragwürdigen Wahrnehmung der Tradition der Ostkirche und der Verabsolutierung von einzelnen Momenten ihrer Geschichte ist.[15] In mehreren Texten wird die Schwierigkeit dieser Gruppen ersichtlich, die Vieldeutigkeit des Begriffes Kirche zu verstehen und die logischen Schlussfolgerungen daraus zu ziehen; die Lehre von der Untrennbarkeit des Leibes Christi wird zur Rechtfertigung des ekklesiologischen Exklusivismus instrumentalisiert;[16] „Häresie" und „Schisma" wer-

---

biguous Relationship between Diversity and Unity. Proceedings of the 18th Academic Consultation of the Societas Oecumenica, Beihefte zur Ökumenischen Rundschau 105, 55–65; hier: 58–59. Zum Thema Erneuerung in der Orthodoxie siehe: *Trine Stauning Willert/Lina Molokotos-Liederman* (eds.): Innovation in the Orthodox Christian Tradition? The Question of Change in Greek Orthodox Thought and Practice, Farnham 2012; *Ivana Noble:* History Tied Down by the Normativity of Tradition? Inversion of Perspective in Orthodox Theology: Challenges and Problems; in: *Colby Dickinson* (ed.): The Shaping of Tradition: Context and Normativity, Leuven 2013, 283–296.

[14]   *Stylianos Papadopoulos:* Πατέρες, αὔξησις τῆς Ἐκκλησίας, ἅγιον Πνεῦμα, Athen 1970; *Ders:* Πατρολογία, Bd. I, Εἰσαγωγή, Β΄ καὶ Γ΄ αἰώνας, Athen 1977, 17–51.

[15]   Z. B. die einseitige Bezugnahme auf kontextuell bedingte anti-ökumenische Synodalbeschlüsse und die Ausklammerung oder Relativierung von Entscheidungen und Beispiele, die die Öffnung der Orthodoxie den Heterodoxen gegenüber bezeugen. Siehe *Georgios Metallinos:* Ὁμολογῶ ἕν Βάπτισμα. Ἑρμηνεία καί ἐφαρμογή τοῦ Ζ΄ Κανόνος τῆς Β΄ Οἰκουμενικῆς Συνόδου ἀπό τούς Κολλυβάδες καί τόν Κων / νο Οἰκονόμο (Συμβολή στήν ἱστορικοκανονική θεώρηση τοῦ προβλήματος περί τοῦ κύρους τοῦ δυτικοῦ βαπτίσματος), Athen ²1996.

[16]   Die Traditionalisten behaupten, dass es keine Kirche jenseits der Orthodoxie gibt, weil der Leib Christi, mit dem sie die Ostkirche identifizieren, ontologisch untrennbar ist. Sie scheitern aber an der christologischen Verortung dieser Lehre; ferner bleibt in ihren ekklesiologischen Auffassungen das Verhältnis von Kirche und empirischer Realität unbearbeitet.

den bei ihnen nicht ausreichend voneinander differenziert und deswegen wird die unterschiedliche ekklesiologische Tragweite dieser zwei Realitäten nicht klar; um ihre anti-ökumenische Haltung zu rechtfertigen, berufen sich die Traditionalisten auf die Kirchenkanones gegen die Häretiker der Alten Kirche und führen eine voreilige, ahistorische Analogie zwischen ihnen und den Heterodoxen von heute ein; dadurch verkennen sie durchaus unterschiedliche ekklesiologische und geschichtliche Kontexte.

Im Denken der orthodoxen Traditionalisten und Anti-Ökumeniker erscheint die Kirche als etwas Gegebenes, Vollbrachtes, Statisches, Verschlossenes. Der erkenntnistheoretische Apophatismus der Orthodoxie, der auch ekklesiologische und ökumenische Implikationen hat,[17] wird ignoriert bzw. unterschätzt. Die Kirche wird nicht als eine Realität *in via* eingesehen: es gehört aber zu den wichtigsten Leistungen der neueren orthodoxen Theologie, dass sie darauf hingewiesen hat, dass die Kirche sich der Zukunft öffnet, und dass sie vielmehr ihre Identität gerade aus der Zukunft in seiner eschatologischen Öffnung bekommt.[18] In diesem Zusammenhang fällt es den Traditionalisten schwer, die Kirche in ihrer Bereitschaft zu sehen, sich dem Wehen, dem *novum* des Parakleten zu öffnen. Daher kommt also ihre heftige Reaktion gegen ein Konzil, das etwas mehr versprochen hat, als bloß Wiederholung des schon Gesagten zu sein.

5. Vergöttlichung und kirchliche Eliten

Eine beachtliche Rolle bei der Bekämpfung oder jedenfalls starke Relativierung des Konzils von Kreta spielt eine theologische Strömung, die Ansichten des griechischen Dogmatikers Ioannis Romanides (1927–2001)[19] folgt und radikalisiert. Die auch bei seinen Schüler bzw. Mitstreitern (z. B. der Metropolit von Nafpaktos Hierotheos Vlachos und der Erzpriester Georgios Metallinos) verbreitete Behauptung, dass echte Theologen nur die „Vergöttlichten" (θεούμενοι) sind, die Heiligen, die am „Ungeschaffenen" Licht Gottes" teilnehmen, kann leicht missbraucht werden. Es besteht die

---

[17] *Georgios Vlantis:* The Apophatic Understanding of the Church and Ecumenical Dialogue, The Ecumenical Review 62 (2010), 296–301.

[18] *John Panteleimon Manoussakis:* The Anarchic Principle of Christian Eschatology in the Eucharistic Tradition of the Eastern Church, Harvard Theological Review 100 (2007), 29–46.

[19] *Daniel P. Payne:* The Revival of Political Hesychasm in Contemporary Orthodox Thought. The Political Hesychasm of John S. Romanides and Christos Yannaras, Lanham 2011.

Gefahr der Einführung einer elitären Oberschicht in die Kirche; dadurch wird die Bedeutung der Konzile relativiert. Wenn nur das Wort der „Vergöttlichten" gelten soll, da es aus einer Art direkter, den einfachen Gläubigen unzugänglichen Gottesmitteilung kommt, wird der innerkirchliche Dialog faktisch abgeschafft. Die Vertreter dieser Strömung nehmen ständig Bezug auf anti-ökumenische Äußerungen heiliggesprochener Mönche und Kleriker, um ihre Polemik gegen die anderen Kirchen zu rechtfertigen. Die gegenseitigen Meinungen werden als traditionsfeindlich, anti-orthodox und vom Westen vergiftet abqualifiziert (der Antiokzidentalismus gehört zu den markantesten Charakteristika der Theologie von Romanides und seinen Schüler).[20]

Bei den Vertretern dieses Denkens vermisst man allerdings eine klare Antwort auf die Frage, wer hat das Recht, korrekt zu bestimmen, wer gehört zu den Vergöttlichten und wer nicht, wie diese besondere Gottesbeziehung überzeugend feststellbar ist und wer die Lehren der Heiligen korrekt interpretiert.

6. Der Terror der Geschichte

In seinem 1949 erschienenen *Werk Kosmos und Geschichte. Der Mythos der ewigen Wiederkehr*[21] widmet der rumänische Religionswissenschaftler Mircea Eliade dem „Terror der Geschichte" das letzte Kapitel; damit meint er den Schrecken, den die Herausforderung der Geschichte, nämlich des Nicht-Vorhersehbaren, der Überraschung in traditionellen Gesellschaften hervorruft, da der Kreis der Wiederholung der überlieferten Rituale und die damit verbundene Normalität dadurch gebrochen wird.

Etwas Ähnliches kann man auch bei den Traditionalisten feststellen, daher ihr Widerstand gegen alles, was die Kreise ihres kirchlichen Verhaltens bricht. Sie möchten nichts Neues von der Geschichte erwarten. Einige der bekanntesten davon behaupten sich nicht nur als Theologen, sondern auch als Historiker, ihr Denken ist allerdings zutiefst ahistorisch: voreilige Abstraktionen und Pauschalisierungen, verschönernde Darstellungen der Kirchengeschichte und polemisch-apologetischer Ton sind ihr Weg, um die Vielschichtigkeit der historischen Phänomene zu bekämpfen und ihr Bild von einer ahistorischen Kirche weiter zu vertreten. In diesem Sinne die-

---

[20] Mit der Geschichtsauffassung von Romanides setzt sich u. a. *Wolfhart Pannenberg* auseinander: Systematische Theologie, Bd. III, Göttingen 1993, 552–556.

[21] Dt. Übersetzung: Verlag der Weltreligionen, Frankfurt am Main 2007.

nen verabsolutierte und fragwürdige Vergangenheitskonstruktionen als Maßstab zur Evaluierung jedes neuen Vorschlags in der Kirche.

Für den Traditionalismus hat letztendlich der Geist bereits schon gesprochen; alles ist schon gesagt worden. Das Eschaton wäre in dieser Hinsicht nichts anderes als die Belohnung derjenigen, die sich am Tradierten (oder eher an einer traditionalistischen Wahrnehmung davon) festgehalten haben. Die Auseinandersetzung der Christen mit der Geschichte, die Bejahung und *recapitulatio* der Geschichte *in Christo* gilt nicht als Priorität; man zieht eher die Flucht davon vor. Die Traditionalisten haben Angst vor der Geschichte und der Eschatologie, weil sich in deren Horizont die traditionalistische Verabsolutierung des Relativen offenbart.

7. Maximalismus und Ahistorizität

Maximalistische, utopische Erwartungen vom Konzil (Konzil als *deus ex machina*?) wurden mehrmals in der vorkonziliaren Zeit geäußert; sie bezeugten eine realitätsferne Denkweise, die die Einberufung des Konzils nur lähmen konnte. Dagegen haben die Oberhäupter der Orthodoxen Kirchen einstimmig die Entscheidung zur Einberufung des Konzils getroffen, im vollen Bewusstsein der Spannungen und Probleme der Ostkirchen. Mit ihrem Beschluss von 2014 zeigten sie, dass sie für eine Konziliarität der kleinen, realistischen, sicheren Schritte stehen. In den Erklärungen der Kirchen, die im letzten Moment ihre Teilnahme abgesagt haben, wird allerdings manchmal wieder ein ahistorischer Maximalismus in Anspruch genommen, um die Entscheidungsänderung ihrer Synoden zu rechtfertigen. Die Tatsache, dass nicht alle Probleme vor dem Konzil gelöst werden konnten, bzw. dass nicht alles ideal bei den Konzilsvorbereitungen gelaufen ist, hätte aber nicht als Grund angegeben werden dürfen, um das Konzil und seine Realisierung als solche in Frage zu stellen.

Man kann nicht leugnen, dass die Vorbereitung des Konzils Mängel aufweist; die Dokumente haben deutliche Schwächen und sicherlich erscheinen sie dem heutigen Menschen wenig attraktiv; ein kritischer Rezeptionsprozess ist bereits im Gang. Trotzdem war das Konzil ein erster, wesentlicher Schritt, der sogar positive Überraschungen enthielt.[22] Allein

---

[22] Hier darf man die besonderen Leistungen von angeblich „schwachen", kleinen Kirchen, wie denjenigen von Alexandrien, Zypern und Albanien, hervorheben. Durchaus positiv war auch die Beteiligung von Frauen als Beraterinnen im Konzil, noch ein willkommenes Novum.

dessen Einberufung und Realisierung stellt eine Errungenschaft in die Richtung der Stärkung der panorthodoxen Synodalstrukturen und der Förderung des interorthodoxen Dialogs dar.[23]

8. Eschatologie, Gerontismus und der Geist

In der christlichen Theologie wird die Eschatologie mit dem Begriff der Offenheit zur Zukunft verbunden, die gerade die Relativität unserer Sicherheiten, die Defizite unserer Verabsolutierungen, die Grenzen unserer Vernunft verdeutlicht. Die Eschatologie weist darauf hin, dass Gott nicht nur als der, der er ist und war, sondern auch als der Kommende, der Herr der Geschichte ist.

Die Traditionalisten in der Orthodoxie vertreten eine eher dürftige Lehre vom Eschaton. In ihren Aussagen fehlt die angesprochene Offenheit; die Zukunft ist gewissermaßen vorbestimmt; der Weg nach vorne scheint quasi automatisiert. Dieses eschatologische Defizit wird durch die Apokalyptik des Gerontismus ausgeglichen, die sehr populär in ultrakonservativen Kreisen ist. Dieser Gerontismus hat wenig mit dem Geist der großen Gerontes (Starez) der Orthodoxie zu tun; er weist keine Spur von existentieller Öffnung auf, gewinnt aber an Popularität, auch weil er nationalistische Erwartungen stärkt.[24]

9. Das Konzil und das traditionalistische Christentum der ewigen Wiederkehr

Die Traditionalisten verkörpern ein Christentum der ewigen Wiederkehr, ein Christentum, das in dieser Hinsicht ein Widerspruch in sich darstellt. Nicht zufällig vertreten sie stark platonisierende theologische Ansichten. Sie artikulieren eine Theologie, wo alles gesagt, erlebt, passiert ist,

---

[23]   Es ist nicht zufällig, dass Kirchenkreise, die seit Jahren für die Torpedierung des Konzils arbeiten, die Theorie des Autokephalismus, der parallelen Monologe der Orthodoxen Kirchen fördern durch die hartnäckige Infragestellung der Rolle des Ersten, des Ökumenischen Patriarchen in der Gemeinschaft der Orthodoxen Kirchen.

[24]   Vgl. z. B. die weit in traditionalistischen Kreisen Griechenlands verbreiteten „Prophetien" von „Gerontes" über die ersehnte Wiedereroberung Konstantinopels. Zum Gerontismus siehe *Stavros Yangazoglou:* Εὐχαριστιακή ἐκκλησιολογία καί μοναστική πνευματικότητα. Τό ζήτημα τοῦ γεροντισμοῦ; in: *Pantelis Kalaitzidis/Ath. N. Papathanassiou/Th. Abatzidis:* Ἀναταράξεις στή μεταπολεμική Θεολογία. Ἡ „Θεολογία τοῦ '60", Athen 2009, 547–631.

sie vertreten ein Christentum der Langeweile. Ihre Aggressivität ist auch als Versuch wahrzunehmen, diese Langeweile auszugleichen. Es ist Zeit, dass die Orthodoxen weltweit die Angst vor solchen Gruppen überwinden und sich weiter dem Hauch des Geistes öffnen.

Das Konzil hat nicht alle Probleme gelöst. Seine abenteuerliche Vorgeschichte und moderate Früchte können zu einer befreienden Entmythologisierung des konziliaren Ereignisses führen, nämlich zur Aufhebung von maximalistischen Erwartungen und zu weiterer Stärkung von panorthodoxen Synodalstrukturen. In diesem Sinne gilt die kritische Unterstützung des Heiligen und Großen Konzils und seines Erbes als ein Akt des Vertrauens dem Parakleten gegenüber, der, allen Traditionalisten zum Trotz, auch *creator* ist, und seiner Kirche viele Früchte noch schenken kann und wird.

Die Bulgarische Orthodoxe Kirche und die Heilige und Große Synode [1]

Martin Illert[2]

1. Die Absage der Bulgarischen Orthodoxen Kirche und ihre Deutung

Weniger als drei Wochen vor Beginn der panorthodoxen Synode auf Kreta erklärte der Heilige Synod der Bulgarischen Orthodoxen Kirche (im Folgenden abgekürzt: BOK) seine einmütige Entscheidung, eine Vertagung der Synode zu verlangen.[3] Der Synod begründete seine Entscheidung mit sechs Punkten:

1. Themen, die für die Orthodoxie von besonderer Bedeutung seien, würden auf der Synode nicht behandelt.[4]

2. Das Nicht-Einverständnis örtlicher orthodoxer Kirchen mit einigen Textvorlagen verhindere deren Verabschiedung.

3. Die Unmöglichkeit, die Vorlagen im Verlauf des Konzils zu redigieren, mache eine erforderliche Diskussion unmöglich.

4. Die Sitzordnung der Vorsteher der orthodoxen Kirchen im Sitzungssaal sei ein Grund zum Anstoß.

5. Die unziemliche Platzierung von Beobachtern und Gästen der Synode sei ein weiterer Grund zum Anstoß.

6. Die hohen finanziellen Kosten für die Teilnahme belasteten die BOK.

[1] Aktualisierte Fassung des Beitrags „Die bulgarische Orthodoxe Kirche und die ‚Heilige und Große Synode'"; in: Religion und Gesellschaft in Ost und West 11/2016, 14–16.

[2] Oberkirchenrat Prof. Dr. Martin Illert ist Referent für Orthodoxie, allgemeine Ökumene und Stipendien im Kirchenamt der Evangelischen Kirche in Deutschland (EKD) und apl. Professor an der Martin-Luther-Universität Halle-Wittenberg.

[3] Vgl. den Beschluss des Heiligen Synod vom 01. Juni 2016: www.bg-patriarshia.bg/news.php?id=205494 (aufgerufen am 23.11.2016).

[4] Diese Kritik bezog sich u. a. auf die Kalenderfrage.

Nach Ansicht des Heiligen Synod der BOK bedurfte die panorthodoxe Synode deshalb eines erneuten Vorbereitungsprozesses und der terminlichen Verlegung der Synode. Sollte dieser nicht stattfinden, so erklärte man „kategorisch" die Nicht-Teilnahme.[5]

Nachdem ein Vermittlungsvorschlag der Russischen Orthodoxen Kirche (im Folgenden abgekürzt: ROK) für ein unmittelbar vor der Synode stattfindendes Treffen der Ersthierarchen der vierzehn autokephalen Kirchen[6] von der Synode des Ökumenischen Patriarchates mit Hinweis auf die Geschäftsordnung der Synode und auf die im Januar 2016 erfolgten Unterschriften unter die Textvorlagen des Konzils abgelehnt worden war,[7] erklärte auch die ROK ihre Nicht-Teilnahme an der Synode.[8] In den nun geäußerten Deutungen der Kommentatoren wurde vielfach das Moskauer Patriarchat als treibende, wenn nicht gar steuernde Kraft auch hinter den Beschlüssen der übrigen drei an der Synode nicht-teilnehmenden Kirchen dargestellt.[9] Allerdings gerieten durch solch einseitige Analysen andere Faktoren aus dem Blick, etwa die Grundspannung zwischen Einheit und Autokephalie in der orthodoxen Ekklesiologie.[10] Darüber hinaus macht ein Blick auf den Verlauf der innerbulgarischen Diskussion im Vorfeld der Absage des Synod der BOK und auch auf die inzwischen erfolgte Stellungnahme des Heiligen Synod der BOK zur Synode deutlich, dass mitnichten allein russische Einflussnahme für die Entscheidung relevant war,[11] sondern vielmehr auch innerkirchliche Faktoren zu berücksichtigen sind. Es lohnt sich deshalb, die Begründung der Absage der BOK zur Kenntnis zu nehmen.

---

[5] Vgl. Anm. 3 oben.

[6] Vgl. https://mospat.ru/en/2016/06/03 (aufgerufen am 23.11.2016).

[7] Vgl. www.patriarchate.org/-/anakoinothen-06-06-2016-?inheritRedirect=true&redirect=%2Flatest-news&_101_INSTANCE_MF6geT6kmaDE_languageId=en_US (aufgerufen am 23.11.2016).

[8] Vgl. https://mospat.ru/en/2016/06/13/news132897 (aufgerufen am 23.11.2016).

[9] Vgl. www.welt.de/politik/ausland/article156381438/1000-Jahre-Eiszeit-und-ein-russischer-Boykott.html sowie www.welt.de/politik/ausland/article156395761/Wie-Russland-mit-seinen-Kirchen-Politik-macht.html und www.welt.de/print/wams/politik/article156337628/Seine-fromme-Kolonne.html (aufgerufen am 23.11.2016).

[10] Ekklesiologisch gesehen sind zwei gleichermaßen legitime orthodoxe Prinzipien auszumachen, die sich im Vorfeld der Synode nicht in ein Gleichgewicht bringen ließen. Bei diesen beiden Prinzipien handelt es sich auf der einen Seite um die Überzeugung von der Einmütigkeit des tradierten Glaubens, den die Orthodoxie mit einer Stimme bezeugen will. Auf der anderen Seite steht die Gleichwertigkeit der autokephalen orthodoxen Kirchen. Unabhängig von der Klärung dieser Verhältnisbestimmung hat die Kirchengemeinschaft der Orthodoxie Bestand, die sich in der gemeinsamen Eucharistie manifestiert (vgl. *Reinhard Thöle:* Ein hohes Ideal zahlt einen hohen Preis. Zur Großen und Heiligen Synode der Orthodoxen Kirche auf Kreta; in: Pfälzisches Pfarrerblatt, Nr. 8, August 2015, 317–320 sowie den Beitrag von *Thöle* in diesem Heft, S. 6).

[11] Vgl. http://bg-patriarshia.bg/news.php?id=220554, &aufgerufen am 23.11.2016).

2. Der Verlauf der innerbulgarischen Diskussion

Ein Blick auf den innerbulgarischen Diskurs, der der Absage der BOK vorausging, zeigt, dass der Synodaltext zum Verhältnis der Orthodoxie zu den anderen Kirchen ein Kernpunkt der bulgarischen Gravamina war. So erklärte Metropolit Gabriel von Lowetsch[12] in einem Schreiben an Patriarch Neofit[13] vom 23. März 2016 seinen Widerstand gegen die Vorlage mit einer exklusiven Ekklesiologie.[14]

„Die orthodoxe Kirche hat den Begriff der ‚Einheit aller‘ immer derart verstanden, dass alle die, die in Häresie oder Schisma gefallen sind, zuerst zum orthodoxen Glauben zurückkehren müssen und der heiligen Kirche gehorsam sein müssen und erst dann durch Buße wieder in die heilige Kirche aufgenommen werden können...]. Die verlorene Einheit der Christen ist [...] niemals verloren gegangen [...]. Neben der heiligen orthodoxen Kirche gibt es keine anderen Kirchen, nur Häresien und Schismen. Es ist dogmatisch, theologisch und kanonisch völlig unrichtig, diese Gemeinschaften Kirchen zu nennen. [...] Genau genommen ist die Rückkehr der Häretiker und Schismatiker zum wahren Glauben notwendig [...]. Gott sei Dank dafür, dass die BOK ihre Mitgliedschaft im Weltrat der Kirchen aufgab und so ihrer Missbilligung seiner Aktivitäten Ausdruck verlieh, da sie nicht ein Teil einer Organisation sein kann, wo sie als eine von vielen, als ein Zweig der einen Kirche betrachtet wird.“

Metropolit Nikolai von Plowdiw[15] veröffentlichte ein weiteres Schreiben an den Patriarchen, das seine Unterstützung der Position Gabriels er-

---

[12]   Metropolit Gabriel von Lowetsch [Tswetan Metodiew Dinew, 16.07.1950], 1979 Mönchsweihe, 1980 Diakon, im selben Jahr Priesterweihe, 1984 Theologiediplom, Sofia, 1984 Theologiestudium an der Geistlichen Akademie Moskau, 1986 Arbeit über die russische Askese des 19. Jahrhunderts, 1986 Weihe zum Archimandriten durch Filaret von Minsk und Arbeit für die Bulgarische Orthodoxe Kirche in Moskau 1986–1991, 1991 Rückkehr nach Sofia, Protosynkellos der Diözese Sofia, 1994 Abt des Klisura-Klosters, 1998 Weihe zum Bischof von Makariopol und zum Vikarbischof von Sofia, 2001 Metropolit von Lowetsch.

[13]   Neofit (Dimitrow, 15.10.1945) 1959 Schüler an der Geistlichen Akademie Sofia, 1971–1973 Spezialisierung im Fach Kirchenmusik an der Geistlichen Akademie Moskau, 1973–1980 Liturgiedozentur in Sofia, 1975 Priesterweihe, 1977 Archimandrit, 1981 Protosynkellos der Diözese Sofia, 1989 Rektor der Geistlichen Akademie Sofia, 1991 Dekan, 1992 Erster Sekretär des Heiligen Synod, 1994 Metropolit von Dorostol und Tscherwen, seit 2013 Metropolit von Sofia und Patriarch der BOK.

[14]   Vgl. http://222.pravoslavie.ru/english/92285.htm (aufgerufen am 23.11.2016).

[15]   Nikolai (Sewastianow), seit 2006 Metropolit von Plowdiw.

klärte und von über 200 Priestern und Laien unterzeichnet war.[16] Am 21. April 2016 übernahm der Heilige Synod der BOK in seiner Vorbereitungssitzung für das panorthodoxe Konzil Gabriels und Nikolais Position und hielt u. a. fest, dass es neben der Orthodoxen Kirche nur Häretiker und Schismatiker gebe. Aus dem Brief Gabriels übernahm man neben der Einzelkritik an den Passagen des Dokumentes auch den Passus, der Gott dafür dankte, dass man den ÖRK 1998 verlassen hatte.[17] Diese Position sollte der Heilige Synod später erneut bekräftigen, als er im November 2016 über seine Stellung zu den Dokumenten nach dem Abschluss des Konzils beriet.[18]

3. Die exklusive Ekklesiologie als Frucht innerkirchlicher Auseinandersetzungen um die Vergangenheit

Die exklusive Ekklesiologie muss als Ergebnis innerkirchlicher Konflikte verstanden werden. Gerade die BOK verfügt nämlich über eine alte Tradition der ökumenischen Offenheit, die sie während der Zeit des Schismas mit Konstantinopel pflegte, wie Georgios Vlantis gezeigt hat.[19] Auf diese ökumenisch aufgeschlossene Theologie, deren bekanntester Vertreter Protopresviter Stefan Zankow (1881–1965)[20] war, kam man in den 1960er und 1970er Jahren bei der Arbeit im Weltkirchenrat wieder zurück, was sowohl in der Arbeit der präkonziliaren panorthodoxen Konferenz als auch im bilateralen theologischen Dialog mit dem BEK seinen Niederschlag fand.[21] Erst unmittelbar nach der Wende entbrannte der Streit um das ökumenische Engagement der BOK. Kritiker des Patriarchen Maxim warfen diesem vor, mit der kommunistischen Staatsmacht kollaboriert zu haben und zeichneten auch die ökumenischen Aktivitäten als einen Teil dieser Kollaboration. Daraufhin trat das Patriarchat der Kirchenspaltung mit einer Distanzierung von der Ökumene entgegen, wie dies auch die schismati-

---

16 Vgl. www.bg-patriarshia.bg/news.php?id=201872 (aufgerufen am 23.11.2016).
17 Vgl. www.bg-patriarshia.bg/news.php?id=201851 (aufgerufen am 23.11.2016).
18 Vgl. oben Anmerkung 11.
19 Vgl. *Georgios Vlantis:* Die orthodoxe Kirche Bulgariens und die ökumenische Bewegung; in: OF 27, 2013, 57–69.
20 Stefan Zankow war von 1923–1960 Professor für Kirchenrecht und christliche Soziologie in Sofia und von 1926–1960 Vorsteher der Alexander Newski-Kathedrale ebendort.
21 Zum Folgenden vgl. *Martin Illert:* Dialog – Narration – Transformation. Die Dialoge der Evangelischen Kirche in Deutschland und des Bundes der Evangelischen Kirchen in der DDR mit orthodoxen Kirchen seit 1959, Beiheft ÖR 106, Leipzig 2016, 239–263 sowie 321–324.

sche „Gegensynode" tat. Im innerbulgarischen Diskurs wurde (und wird) diese Distanzierung von der Ökumene mit einer Distanzierung vom Kommunismus gleichgesetzt, was insofern plausibel war, als die Ökumene tatsächlich vom kommunistischen Staat funktionalisiert worden war.

Um nicht die innere Einheit der Kirche zu gefährden, gab das Patriarchat auch im aktuellen Streit um die Dokumente der Heiligen und Großen Synode nach, insbesondere beim Text zum Verhältnis zu nicht-orthodoxen Kirchen, obgleich der Patriarch im Januar 2016 alle Texte unterzeichnet hatte. Nun hieß es – wie man später erneut im November 2016 bei der Erklärung des „Standpunktes der BOK zur Synode" erklären sollte[22] – es sei „dogmatisch, theologisch und kanonisch völlig unrichtig", die anderen christlichen Gemeinschaften als „Kirchen" zu bezeichnen. Deshalb müsse man auch keinen theologischen Dialog mit ihnen führen. Kirchenpolitisch standen hinter solchen Äußerungen auch Erfahrungen mit dem ÖRK, der sich zur Zeit der Entstehung des Schismas nach der politischen Wende – nach Meinung mancher bulgarischer Hierarchen – viel zu stark auf die Seite der „blauen" Gegensynode gestellt habe. Ohne diese innerbulgarische Auseinandersetzung um die politische Funktionalisierung der Ökumene in der kommunistischen Zeit und ohne die Berücksichtigung der inneren Spaltung der bulgarischen Kirche in zwei Synoden ist das Verhalten der BOK nicht zu verstehen.

Neben diesen Gründen spielten auch noch persönliche Faktoren eine Rolle. Der Hauptgegner des Ökumene-Textes, Metropolit Gabriel von Lowetsch, vertritt seinen radikalen Antiökumenismus auch aus biographischen Gründen, wie bei der Veröffentlichung der Dokumente zur Zusammenarbeit von Orthodoxer Kirche und Sigurnost im Jahr 2012 deutlich wurde. Gabriel konnte (und kann weiterhin) sich auch deshalb als glaubwürdiger Wortführer des Antiökumenismus profilieren, weil er im Gegensatz zum heutigen Patriarchen Neofit und zur Mehrheit der Metropoliten des Heiligen Synod unbescholten geblieben war. Trotzdem scheiterte Gabriel 2013 als Gegenkandidat des aktuellen Patriarchen Neofit bei der Patriarchenwahl. Die Entscheidung des Heiligen Synod, die vom Patriarchen im Januar 2016 unterzeichneten Texte als unorthodox zu bewerten, ist unübersehbar auch eine persönliche Demütigung Neofits durch einen alten Konkurrenten.

[22]   Vgl. oben Anmerkung 11.

So halten wir fest: Eine monokausale Erklärung der Nicht-Teilnahme der BOK an der Synode durch eine Einwirkung der ROK unterschätzt die inneren sowohl theologischen als auch kirchenpolitischen und persönlichen Faktoren, die zu dieser Entscheidung führten. Die Erklärung der BOK vom November 2016, in der die Stellungnahmen vom April und vom Juni im Wesentlichen wiederholt wurden, bestätigt diese Sicht auf die Vorgänge in der BOK.

Die Heilige und Große Synode der Orthodoxen Kirche auf Kreta

Eine erste Einordnung aus katholischer Sicht

Johannes Oeldemann[1]

Ein „Jahrhundertereignis" zeichnete sich im Frühjahr des Jahres 2016 am Horizont der christlichen Ökumene ab: ein gemeinsames Konzil aller orthodoxen Lokalkirchen. Es wäre zwar nicht das erste Konzil der Orthodoxen Kirche „nach mehr als 1.000 Jahren" gewesen, wie manche Presseagenturen meldeten. Aber es sollte der Zielpunkt eines mehr als 100-jährigen Prozesses sein, der im Jahr 1902 mit einer Enzyklika des Ökumenischen Patriarchats begann, in der sich der damalige Patriarch Joachim III. (1901–12) an die übrigen orthodoxen Kirchen wandte und sie um Stellungnahme zu drei „seit langer Zeit anstehenden" Fragekomplexen bat, die er „zur gemeinsamen Beratung vorlegen" wollte: die Einheit der Orthodoxen Kirche angesichts aktueller Herausforderungen, das Verhältnis zu den Kirchen des Westens und die Reform des kirchlichen Kalenders.[2] Es ist bemerkenswert, dass die „Ökumene" – auch wenn man das Wort damals noch nicht benutzte – von Anfang an auf der Agenda des innerorthodoxen Konsultationsprozesses stand. Es dauerte noch einmal mehr als ein halbes Jahrhundert, bis dieser Prozess unter Patriarch Athenagoras I. (1948–72) in den 1960er Jahren durch vier „Panorthodoxe Konferenzen" eine neue Dynamik erhielt und ab den 1970er Jahren schließlich durch eine „Interorthodoxe Vorbereitungskommission" und die „Präkonziliaren Panorthodoxen Konferenzen" auch eine konkrete Organisationsform gewann.[3]

---

[1] Dr. Johannes Oeldemann ist Direktor am Johann-Adam-Moehler-Institut für Ökumenik in Paderborn und Lehrbeauftragter für Ökumene und Konfessionskunde an der Katholischen Hochschule Nordrhein-Westfalen, Abt. Paderborn.

[2] Vgl. Patriarchal- und Synodalenzyklika des Ökumenischen Patriarchats, Phanar 1902; in: *Athanasios Basdekis* (Hg.): Orthodoxe Kirche und Ökumenische Bewegung. Dokumente – Erklärungen – Berichte 1900–2006, Frankfurt a. M./Paderborn 2006, 1–8.

[3] Vgl. den umfassenden Dokumentationsband von *Anastasios Kallis:* Auf dem Weg zu

Interessanterweise stieß der ganze „vorkonziliare" Prozess auf westlicher Seite auf ein viel größeres Interesse als innerhalb der orthodoxen Lokalkirchen selbst. Während meines Theologiestudiums in den 1990er Jahren wurden die bis dahin erarbeiteten Konzilsvorlagen in Seminaren intensiv analysiert und diskutiert. Mit Spannung wurde von vielen westlichen Beobachtern daher auch die letzte Phase der Vorbereitung auf das Konzil verfolgt, die von der vierten Synaxis der orthodoxen Patriarchen und Ersthierarchen im Oktober 2008 angestoßen worden war und schließlich bei der fünften Synaxis im März 2014 zu dem Beschluss führte, das Konzil zum orthodoxen Pfingstfest im Jahr 2016 einzuberufen.[4] Wie schwierig es sein würde, zu einem Konsens aller autokephalen orthodoxen Kirchen zu finden, zeigten die intensiven interorthodoxen Beratungen in den Jahren 2014/15,[5] die zu keinem Durchbruch in den umstrittenen Fragen führten. So bedurfte es einer weiteren Synaxis im Januar 2016, ehe man sich auf eine Geschäftsordnung des Konzils sowie sechs Textvorlagen verständigt hatte, die der „Heiligen und Großen Synode" zur Beratung vorgelegt werden sollten. Auch wenn die besonders umstrittenen Themen wie Autokephalie, Diptychen und die Kalenderfrage ausgeklammert blieben, ließ sich bei vielen westlichen Beobachtern eine Art Vorfreude auf das lang erwartete Ereignis feststellen, wenn auch verbunden mit einer Portion Skepsis, ob es innerhalb nur einer Woche gelingen könnte, alle sechs – zum Teil sehr gewichtigen – Themen beraten und die Dokumente im Konsens verabschieden zu können.

Einer gewissen Euphorie auf westlicher Seite korrespondierte im Vorfeld eine große Nüchternheit bei orthodoxen Theologen, die man nach ihren Erwartungen an das Konzil befragte. Sie machten darauf aufmerksam, dass auf orthodoxer Seite weder die Bischöfe noch die Theologen noch das Kirchenvolk hinreichend in den Vorbereitungsprozess einbezogen gewesen waren, weshalb auch die erforderliche Rezeption des Konzils fraglich sei.[6]

---

einem Heiligen und Großen Konzil. Ein Quellen- und Arbeitsbuch zur orthodoxen Ekklesiologie, Münster 2013.

[4] Vgl. *Johannes Oeldemann:* Konzil auf Kreta. Die lang erwartete Panorthodoxe Synode tritt im Juni 2016 zusammen; in: HerKorr 70 (2016), H. 3, 25–28.

[5] Vgl. die Zeittafel zum Panorthodoxen Konzil; in: *Johannes Oeldemann:* Die Kirchen des christlichen Ostens. Orthodoxe, orientalische und mit Rom unierte Ostkirchen, Regensburg ⁴2016, 238–239.

[6] Vgl. beispielsweise *Noël Ruffieux:* Das Panorthodoxe Konzil: Vorbereitung, Durchführung und Rezeption; in: Cath(M) 67 (2013), 101–120; *Ioan Moga:* Erwartungen und Anfragen an die Heilige und Große Synode der Orthodoxen Kirche; in: Cath(M) 69 (2015), 197–207.

In der Tat erweckten die harschen innerorthodoxen Debatten, die nach der Veröffentlichung der Konzilsvorlagen im Februar 2016 aufbrachen, den Eindruck, dass viele orthodoxe Bischöfe und Theologen nun zum ersten Mal die Texte zur Kenntnis nahmen, deren erste Entwürfe zum Teil schon seit 40 Jahren bekannt waren. Als dann in den ersten Juniwochen zunächst die Bulgarische Orthodoxe Kirche, dann das Patriarchat von Antiochien und die Georgische Orthodoxe Kirche, schließlich auch das Patriarchat von Moskau ihre Teilnahme an der Synode in Kreta absagten, „kippte" die Stimmung auch auf westlicher Seite: Die Vorfreude wandelte sich in entsetztes Schweigen angesichts der erneut aufgebrochenen Konflikte innerhalb der Orthodoxen Kirche.

Eine Synode „ohne vier"

Dass Patriarch Bartholomaios trotz der vier Absagen an der Durchführung der Synode festhielt, war ein gewagtes Unterfangen. Denn es war keinesfalls auszuschließen, dass die Gegner bestimmter Aussagen in den Konzilsvorlagen, die es auch in den Reihen der teilnehmenden Kirchen gab, einen Konsens und damit die Verabschiedung einzelner oder mehrerer Dokumente verhindert und damit ein Scheitern der Synode provoziert hätten. Wie angespannt die Situation war, zeigt sich daran, dass in den Tagen vor dem Konzil alte Verschwörungstheorien aus der Mottenkiste der Geschichte geholt wurden, denen zufolge „Moskau" hinter allen Absagen stehe und nur die kleineren, ihm hörigen Kirchen vorgeschickt habe, um selbst einen Vorwand für die Blockade des gesamten Konzils zu haben. Wenn man den versöhnlichen Ton des Briefes zur Kenntnis nimmt, den der russische Patriarch Kyrill zum Konzilsauftakt an die auf Kreta versammelten Bischöfe geschickt hat,[7] bewegen sich solche Gerüchte doch auf eher dünnem Eis. Außerdem wäre es zu simpel, die innerorthodoxen Differenzen auf den Konflikt zwischen Konstantinopel und Moskau zu reduzieren. So wurde m. E. die Bedeutung des Konflikts zwischen Antiochien und Jerusalem falsch eingeschätzt, als man vorschlug, die Lösung des Streits über die Jurisdiktion in Katar auf die Zeit nach dem Konzil zu vertagen. Den Bruch der Kommuniongemeinschaft zwischen zwei altkirchlichen Patriarchaten zu überwinden, um beiden die Teilnahme am Konzil zu ermög-

---

[7] Message of His Holiness Patriarch Kirill to Primates and Representatives of Local Orthodox Churches who have assembled in Crete: https://mospat.ru/en/2016/06/17/news133068 (aufgerufen am 29.11.2016).

lichen, wäre mindestens ebenso wichtig gewesen wie die Überwindung des Streits um die Anerkennung des Oberhaupts der Orthodoxen Kirche in den Tschechischen Ländern und der Slowakei, um die man sich erfolgreich bemüht hatte. Letztlich ist es müßig zu fragen, wer „Schuld" an dieser Entwicklung hatte, denn Fehlverhalten und falsche Einschätzungen der Lage gab es nicht nur auf einer Seite. Doch die Absage der vier Patriarchate, die zusammen mehr als die Hälfte aller orthodoxen Bischöfe und fast zwei Drittel aller orthodoxen Gläubigen umfassen, setzte ein kräftiges Fragezeichen hinter die Autorität der Heiligen und Großen Synode.

Dass die Synode auf Kreta dennoch erfolgreich verlaufen ist, beruht auf verschiedenen Faktoren: der geschickten Moderation der Beratungen durch Patriarch Bartholomaios, der auch Gegner des Mainstreams zu Wort kommen ließ; der effizienten Organisation des Konzilssekretariats, in dem die amerikanischen Vertreter des Ökumenischen Patriarchats eine entscheidende Rolle spielten; dem spürbaren Willen aller Beteiligten einen Konsens zu erzielen, um die Synode wirklich zu einem Zeugnis der Einheit der Orthodoxen Kirche werden zu lassen. Ein merkwürdiger Stimmungswandel vollzog sich im Laufe dieser Pfingstwoche des Jahres 2016: Die Konzilsteilnehmer berichteten im Anschluss fast euphorisch vom Konzil als einem nachhaltigen Erlebnis panorthodoxer Gemeinschaft, während die westlichen Beobachter eher nüchtern konstatierten, dass man erst einmal abwarten müsse, wie die Ergebnisse von den vier nicht anwesenden Kirchen, aber auch vom Kirchenvolk in den beteiligten Kirchen angenommen werden.

Die Konzilsbeobachter

Bei der Synaxis in Chambésy im Januar 2016 hatte man sich verständigt, dass eine begrenzte Zahl von Konzilsbeobachtern nach Kreta eingeladen werden sollte. Zu den fünfzehn offiziell eingeladenen Konzilsbeobachtern zählten elf Repräsentanten anderer Kirchen und konfessioneller Weltbünde (Katholiken, Anglikaner, Altkatholiken, Armenier, Kopten, Syrer und Lutheraner) sowie vier Vertreter ökumenischer Räte (Ökumenischer Rat der Kirchen, Konferenz Europäischer Kirchen, Nahöstlicher Kirchenrat).[8] Sie wurden zum Teil noch von Mitarbeitern begleitet oder ließen sich von ihnen vertreten, durften aber gemäß der Geschäftsordnung nur an

---

[8] Vgl. *Barbara Hallensleben* (Hg.): Einheit in Synodalität. Die offiziellen Dokumente der Orthodoxen Synode auf Kreta 18. bis 26. Juni 2016, Münster 2016, 112.

der Eröffnungs- und Abschlusssitzung der Synode teilnehmen. In der Zwischenzeit wurde für sie ein Begleitprogramm organisiert, bei dem sie verschiedene Diözesen auf Kreta besuchen konnten. Dass sie nicht – wie beim Zweiten Vatikanischen Konzil – bei allen Sitzungen anwesend sein durften und während der Eröffnungs- und Abschlusssitzung im Sitzungssaal so platziert wurden, dass sie für die Kameras nicht sichtbar waren, hatte wohl mit der Furcht vor lautstarker Kritik von „frömmelnden pseudoorthodoxen Hitz-, Quer- und Starrköpfen" (Bischof Andrej Ćilerdžić) zu tun, die jegliche ökumenischen Kontakte ablehnen. Die Beobachter gingen mit dieser Einschränkung unterschiedlich um: Während Kardinal Kurt Koch und Bischof Brian Farrell vom Päpstlichen Rat zur Förderung der Einheit der Christen die ganze Woche auf Kreta verbrachten, um ihre Wertschätzung für die Synode zu unterstreichen, flogen der Generalsekretär des Ökumenischen Rates der Kirchen, Olav Fykse Tveit, oder der Ratsvorsitzende der EKD, Landesbischof Heinrich Bedford-Strohm, jeweils nur für einen Tag zur Eröffnungs- bzw. Abschlusssitzung ein, um Präsenz zu zeigen.

Das Konzilsdokument zur Ökumene

Besonders massiver Kritik seitens orthodoxer Fundamentalisten war im Vorfeld die Konzilsvorlage über die ökumenischen Beziehungen ausgesetzt. Sie war in der letzten Vorbereitungsphase als Zusammenfassung zweier Textentwürfe aus dem Jahr 1986 entstanden, die sich einerseits mit den bilateralen ökumenischen Gesprächen und andererseits mit dem Verhältnis der Orthodoxen Kirche zum Ökumenischen Rat der Kirchen (ÖRK) befasst hatten. Der Textentwurf wie auch die von der Synode verabschiedete Fassung stehen unter der Überschrift „Die Beziehungen der Orthodoxen Kirche mit der übrigen christlichen Welt".[9] Nachdem in einem ersten Teil (Nr. 1–8) allgemeine Prinzipien des orthodoxen Engagements in der Ökumene dargelegt werden, geht der zweite Teil (Nr. 9–15) auf die bilateralen Dialoge der Orthodoxen Kirche ein, während der dritte Teil (Nr. 16–21) die Position der Orthodoxen im Rahmen der multilateralen Ökumene

---

[9] Deutsche Übersetzung des Dokuments: ebd., 78–86. Im Unterschied zu Hallensleben verwende ich – wie in der offiziellen englischen, französischen und russischen Version – die Präposition „mit", weil sie zum Ausdruck bringt, dass es nicht um eine Verhältnisbestimmung „zu" Außenstehenden geht, sondern um die gegenseitigen Beziehungen „mit" anderen Christen. Die Konzilstexte in den offiziellen Sprachen der Synode (Griechisch, Englisch, Französisch, Russisch) sind abrufbar unter: www.holycouncil.org/official-documents (aufgerufen am 29.11.2016).

beschreibt, bevor im Schlussteil (Nr. 22–24) vor Fehlformen gewarnt, zugleich aber auch Offenheit für neue Formen ökumenischer Zusammenarbeit signalisiert wird. Nachdrücklich wird in diesem Dokument die Verpflichtung der Orthodoxen Kirche zum Engagement für die Einheit der Christen unterstrichen. Im Blick auf die innerorthodoxen Gegner des ökumenischen Engagements betont der Text, dass die Teilnahme an der ökumenischen Bewegung „im Einklang mit dem apostolischen Glauben und der apostolischen Tradition unter neuen geschichtlichen Umständen" steht (Nr. 4). Bemerkenswert ist in diesem Zusammenhang auch, dass zum Abschluss nicht nur Proselytismus und Uniatismus als Fehlformen der Ökumene abgelehnt werden (Nr. 23), sondern auch die orthodoxen Fundamentalisten verurteilt werden, die „unter dem Vorwand des Erhalts oder der angeblichen Verteidigung der wahren Orthodoxie" gegen die Ökumene agitieren (Nr. 22).

Auf der anderen Seite findet sich im Ökumene-Dokument aber auch eine ganze Reihe von Aussagen, die den Bedenkenträgern und Gegnern des ökumenischen Dialogs entgegenkommen. So werden die Idee der „Gleichwertigkeit der Konfessionen" sowie die Vorstellung, dass die Einheit durch einen „interkonfessionellen Kompromiss" wiederhergestellt werden könnte, mit deutlichen Worten abgelehnt (Nr. 18). Und am Ende des Abschnitts über die multilaterale Ökumene wird noch einmal unmissverständlich festgehalten, „dass die nicht-orthodoxen Kirchen und Konfessionen vom wahren Glauben der Einen, Heiligen, Katholischen und Apostolischen Kirche abgewichen sind" (Nr. 21). Die „Toronto-Erklärung" von 1950 (zum Selbstverständnis des ÖRK) wird ausführlich zitiert, allerdings ausschließlich die abgrenzenden Passagen dieses Textes: keine „Über-Kirche", keine Kirchenunionen, keine Änderung der Ekklesiologie, keine Anerkennung der anderen Kirchen im vollen Sinne des Wortes (vgl. Nr. 19). Ob den orthodoxen Bischöfen, die das Ökumene-Dokument verabschiedet haben, bewusst war, dass die Toronto-Erklärung auch positive Aussagen über die anderen Kirchen enthält? Wenn Aussagen wie „Die Mitgliedskirchen erkennen an, dass die Mitgliedschaft in der Kirche Christi umfassender ist als die Mitgliedschaft in ihrer eigenen Kirche" oder „Die Mitgliedskirchen des Ökumenischen Rates erkennen in anderen Kirchen Elemente der wahren Kirche an"[10] ebenfalls zu den „ekklesiologischen Voraussetzungen" zählten, die „von entscheidender Bedeutung für die orthodoxe Mitarbeit im Rat" sind (Nr. 19), stünde das ökumenische Engagement der Ortho-

---

[10] Toronto-Erklärung, Nr. IV.3 und IV.5: www.oekumene-ack.de/fileadmin/user_upload/Themen/Toronto-Erklaerung.pdf (Aufruf: 29.11.2016).

doxen Kirche auf einem ähnlichen Fundament wie das der katholischen Kirche.

Allerdings erscheint genau das fraglich, und es ist wohl kein Zufall, dass die positiven Aussagen der „Toronto-Erklärung" im Dokument von Kreta nicht zitiert werden. Denn die Frage, ob man die nicht-orthodoxen Kirchen als solche bezeichnen könne oder die Verwendung des Begriffs „Kirche" für sie konsequent vermeiden müsse, zählte sowohl im Vorfeld der Synode als auch während der Beratungen auf Kreta zu den umstrittensten Punkten. Erst am letzten Sitzungstag kam es hier zu einem Kompromiss, der in der Formulierung besteht, dass die Orthodoxe Kirche „die historische Benennung anderer nicht-orthodoxer christlicher Kirchen und Konfessionen" anerkennt (Nr. 6). Wie sich die Selbstbezeichnung als Kirche und die Wirklichkeit von Kirche (ihre „ontologische Natur" – ein Begriff, der auf die Ekklesiologie von Ioannis Zizioulas zurückgeht) zueinander verhalten, bedarf einer möglichst baldigen „Klärung der gesamten ekklesiologischen Frage" (ebd.). Diese Forderung stand auch schon im ersten Entwurf des Ökumene-Papiers aus dem Jahr 1986.[11] Solange diese Frage als eine offene betrachtet und nicht im Sinne der orthodoxen Hardliner (nur die Orthodoxe Kirche ist die wahre Kirche) beantwortet wird, bleibt ein ökumenischer Dialog „auf Augenhöhe" möglich und sinnvoll.

Die Lehre von der Kirche als offene Frage

Das Ökumene-Dokument der Synode von Kreta vermeidet eine klare ekklesiologische Positionsbestimmung. Eine Aussage, dass „nur" (in einem ausschließlichen Sinn) die Orthodoxe Kirche die wahre Kirche „ist", findet sich an keiner Stelle. Vielmehr beginnt der Text mit der vorsichtigen Formulierung „Die Orthodoxe Kirche als die Eine, Heilige, Katholische und Apostolische Kirche …", die das Verhältnis zwischen diesen beiden Größen offen lässt und daher interpretationsbedürftig ist. Das Ökumene-Dokument gibt keine Auskunft darüber, wie das Verhältnis zwischen der einen Kirche Jesu Christi und der Orthodoxen Kirche zu bestimmen ist. Bei der Suche nach einer Antwort auf diese Frage lohnt sich aber ein Blick in die „Enzyklika" der Synode, deren erstes Kapitel dem Verständnis der Kirche gewidmet ist.[12] Darin wird die Kirche als „gottmenschliche Gemeinschaft nach dem Bild der Heiligen Dreifaltigkeit" definiert (Nr. 1), wobei das pau-

---

[11] Vgl. *Kallis,* Auf dem Weg zu einem Heiligen und Großen Konzil, 534 f.
[12] Deutsche Übersetzung der Enzyklika in: *Hallensleben*, Einheit in Synodalität, 37–55.

linische Verständnis der Kirche als Leib Christi als biblisches Fundament besonders hervorgehoben wird. Bereits im folgenden Abschnitt geht die Enzyklika auf die Verhältnisbestimmung zwischen der Kirche Jesu Christi und der Orthodoxen Kirche ein: „Die Orthodoxe Kirche, die dieser einmütigen apostolischen Tradition und sakramentalen Erfahrung treu bleibt, stellt die authentische Fortführung der einen, heiligen, katholischen und apostolischen Kirche dar, wie sie im Glaubensbekenntnis bezeugt ist und in der Lehre der Väter bestätigt wird" (Nr. 2). Aus ökumenischer Sicht ist der Ausdruck „stellt die authentische Fortsetzung dar" besonders bemerkenswert.[13] Denn er vermeidet eine exklusivistische Identifizierung der Orthodoxen Kirche mit der Kirche Jesu Christi und lässt Raum für theologische Reflexionen über den ekklesiologischen Status der anderen christlichen Kirchen. Auch wenn die Bedeutung dieser Formulierung nicht überschätzt werden darf, weist sie doch in eine ähnliche Richtung wie die Kirchenkonstitution des Zweiten Vatikanischen Konzils, in der mit dem viel zitierten und diskutierten „subsistit in" (LG 8) eine vergleichbare Formulierung gewählt wurde, um eine Öffnung für den ökumenischen Dialog zu ermöglichen, aber zugleich an dem Anspruch festzuhalten, selbst die Kirche Jesu Christi in ihrer Fülle zu repräsentieren. In diesem Sinne hat sich auch die Synode auf Kreta dafür entschieden, die ekklesiologische Frage offen zu halten.

Die Botschaft und die Enzyklika der Synode

Das ekklesiologische Kapitel deutet darauf hin, dass der Enzyklika eine Schlüsselstellung für das rechte Verständnis der Synode von Kreta zukommt. Ursprünglich war ein solcher Text gar nicht vorgesehen, denn in Chambésy hatte man vereinbart, dass neben den sechs Konzilsvorlagen auf Kreta nur ein weiterer Text verabschiedet werden dürfe, der sich als „Botschaft" der Synode an das gesamte Kirchenvolk richten sollte. Eine interorthodoxe Kommission hatte in der Woche vor Beginn der Synode eine Textvorlage erstellt, die jedoch von den Patriarchen und Ersthierarchen bei ihrem Treffen unmittelbar vor Synodenbeginn als zu ausführlich und theologisch zu anspruchsvoll bewertet wurde. Eine kleine Arbeitsgruppe um Metropolit Anastasios von Albanien erhielt den Auftrag, einen kürzeren und leichter verständlichen Text zu erstellen. Da aber der ursprüngliche

---

[13]   In den vier offiziellen Sprachen der Synode lautet er: *αὐθεντικήν συνέχειαν, authentic continuation*, подлинным продолжением, *la continuité authentique*.

Entwurf dennoch als eine gelungene und wertvolle Zusammenfassung der Anliegen der Synode erachtet wurde, gab man diesem die Überschrift „Enzyklika", während die Kurzfassung als „Botschaft" der Synode „an das orthodoxe Volk und an alle Menschen guten Willens" verabschiedet wurde.[14] Inhaltlich gibt es viele Schnittmengen zwischen beiden Texten. Das gilt auch im Blick auf den oben zitierten Passus zum Kirchenverständnis, der sich in Nr. 1 der Botschaft findet.

Da sie die Anliegen der Synode zusammenfassen sollen, greifen die Enzyklika und die Botschaft viele Themen auf, die auch in den sechs Dokumenten behandelt werden. Dabei fällt auf, dass die beiden im Juni 2016 erarbeiteten Texte oft eine klarere Linie und eine größere Stringenz als die sechs zur Beratung vorgelegten Dokumente aufweisen, denen man anmerkt, dass sie aus Textteilen bestehen, die zum Teil vor langer Zeit geschrieben, zum Teil sehr kurzfristig verfasst wurden und die daher manchmal recht unverbunden nebeneinander stehen. Demgegenüber ist die Enzyklika ein Text „aus einem Guss", der zudem immer wieder Bezug auf das biblische und patristische Zeugnis nimmt, um seine Aussagen zu begründen. Daher kann man die Enzyklika zu Recht als einen „hermeneutischen Schlüssel" zum Verständnis des Konzils betrachten.[15]

Die Rezeption der Synode

Ob die Synode von Kreta als ein Zeugnis für die Einheit der Orthodoxen Kirche in die Geschichte eingehen wird, was in der Botschaft als „das vorrangige Anliegen der Synode" bezeichnet wird (Nr. 1), wird im Wesentlichen davon abhängen, wie ihre Ergebnisse rezipiert werden. Dieser Prozess ist momentan noch völlig offen. Zum einen ist unklar, wie die beteiligten Kirchen mit den Dokumenten umgehen: Werden sie – als verbindliche Entscheidungen der Synode – schlicht in den verschiedenen Sprachen der orthodoxen Lokalkirchen publiziert? Oder werden sie erst noch von jeder einzelnen Kirche – sei es durch den Heiligen Synod, sei es durch eine Vollversammlung aller Bischöfe – im Nachhinein approbiert? Letzteres wäre aus katholischer Sicht problematisch, weil dadurch signalisiert würde, dass die eigentliche Autorität nicht dem gesamtorthodoxen Konzil, sondern den einzelnen autokephalen Kirchen zukäme.

---

[14] Deutsche Übersetzung der Botschaft; in: *Hallensleben,* Einheit in Synodalität, 30–36.
[15] Vgl. *Ioan Moga:* Die Orthodoxe Kirche nach dem Konzil von Kreta; in: RGOW Nr. 11/2016, 8–10.

Zum anderen bleibt abzuwarten, wie die vier nicht anwesenden Kirchen auf die Beschlüsse reagieren. Zwei von ihnen haben bislang erklärt, dass sie die Beschlüsse der Synode von Kreta als nicht bindend betrachten: das Patriarchat von Antiochien schon einen Tag nach Abschluss der Synode, der Heilige Synod der Bulgarischen Orthodoxen Kirche erst Ende November 2016. Seitens des Moskauer Patriarchats wurde die Biblisch-Theologische Kommission beauftragt, die Dokumente „nach Erhalt der offiziellen Kopien" zu studieren und das Ergebnis dem Heiligen Synod zur Beratung vorzulegen. Der zitierte Einschub ist bedeutsam, weil mehrere der auf Kreta anwesenden Bischöfe im Nachhinein erklärt haben, dass sie einzelne Texte, insbesondere das Ökumene-Dokument, bewusst nicht unterzeichnet hätten. Trotzdem werden ihre Namen unter den im Internet publizierten Dokumenten aufgeführt. Offenbar ist man im Konzilssekretariat so verfahren, dass man einfach die Namen aller Delegationsmitglieder in die digitale Fassung eingefügt hat, sobald eine Kirche zugestimmt hatte. Dies unterstreicht noch einmal, dass die Bischöfe auf der Synode nicht als eigenständige Vertreter ihrer Ortskirchen betrachtet wurden, sondern schlicht als „Gefolgsleute" ihres Ersthierarchen, dessen Stimme den Ausschlag gab. Dieses Verfahren wirft einen Schatten auf die Synode und wird wohl noch zu intensiven Debatten über ihre Autorität führen.

Neben der Rezeption durch die offiziellen Autoritäten stellt die Annahme der Synode im orthodoxen Kirchenvolk einen nach orthodoxem Verständnis mindestens ebenso wichtigen Faktor für die Authentizität der Synode dar. Wie dieser Prozess verlaufen wird, ist ebenfalls noch völlig offen. In den Medien haben sich in den Wochen nach der Synode zunächst die Gegner lautstark zu Wort gemeldet. Ob die „schweigende Mehrheit" der Gläubigen ihnen Glauben schenkt oder die Synode von Kreta doch eher positiv aufnimmt, ist noch nicht abzuschätzen. Wichtig ist im Blick auf den weiteren Rezeptionsprozess jedenfalls, dass die auf Kreta versammelten Bischöfe sich dafür ausgesprochen haben, die Heilige und Große Synode nicht als den Schlusspunkt der jahrzehntelangen Vorbereitungen zu verstehen, sondern als Auftakt zu regelmäßigen panorthodoxen Bischofsversammlungen. Die „Botschaft" der Synode hält ausdrücklich den (vom rumänischen Patriarchen Daniel eingebrachten) Vorschlag fest, „die Heilige und Große Synode regelmäßig alle sieben oder zehn Jahre einzuberufen" (Nr. 1). Sollte dies wirklich gelingen, böte eine künftige Synode auch den in Kreta nicht anwesenden Kirchen die Möglichkeit, sich einzubringen und damit im Nachhinein eine „panorthodoxe" Rezeption der Synode von Kreta zu ermöglichen.

Abschließend soll noch kurz die Frage erörtert werden, welche Auswirkungen die Synode auf den orthodox-katholischen Dialog haben wird. Die Tatsache, dass es der Internationalen orthodox-katholischen Dialogkommission drei Monate nach der Synode gelungen ist, sich bei ihrer Tagung im italienischen Chieti auf ein gemeinsames Dokument[16] zu verständigen, deutet darauf hin, dass die innerorthodoxen Kontroversen um die Synode von Kreta zumindest keine negativen Auswirkungen auf den Dialog gehabt haben. Die Tagung der Dialogkommission bot vielmehr den auf Kreta nicht anwesenden Orthodoxen Kirchen die Möglichkeit, sich wieder in einen Gesprächsprozess auf panorthodoxer Ebene einzubringen (mit Ausnahme der Bulgaren, die bereits seit Jahren keine Vertreter mehr in diese Dialogkommission entsandt haben). So wurde das Dokument von Chieti schließlich auch mit Zustimmung aus Antiochien und Moskau verabschiedet; nur die Georgier gaben Bedenken gegen einzelne Paragrafen zu Protokoll, ohne sie genauer zu benennen. Wichtig war vor allem, dass das Patriarchat von Moskau, das bekanntlich das vorherige, 2007 in Ravenna verabschiedete Dokument der Dialogkommission als unannehmbar betrachtet, wieder in den Dialogprozess integriert werden konnte.

Meine abschließende These lautet, dass die in Chieti erfolgte orthodox-katholische Verständigung gerade durch die Auseinandersetzungen um die Synode von Kreta befördert wurde. Denn sie hat den Orthodoxen vor Augen geführt, dass die auf orthodoxer Seite immer wieder betonte Synodalität kein Selbstläufer ist, sondern konkreter Verfahren und Umsetzungsformen bedarf, damit synodale Beratungen erfolgreich geführt werden können.[17] Das schließt gewisse primatiale Aufgaben ein, ohne die eine Synode nicht funktionieren kann. Es ist bemerkenswert, dass im Vorfeld der Synode von Kreta auf orthodoxer Seite eine intensive Debatte um das rechte Verständnis des Primats entbrannt ist. Umgekehrt ist die katholische Seite im Pontifikat von Papst Franziskus dabei, die Bedeutung der Synodalität wieder neu für sich zu entdecken. Diese sich ungewollt ergänzenden Prozesse haben sich, obwohl innerorthodox wie auch innerkatholisch höchst umstritten, zu einer Triebkraft für den orthodox-katholischen Dialog entwickelt. Es bleibt zu hoffen, dass dieser Schwung auch die weitere Reflexion über das Verhältnis von Primat und Synodalität beflügeln wird, die im orthodox-katholischen Dialog weiterhin auf der Agenda steht.

[16]   Synodalität und Primat im ersten Jahrtausend. Auf dem Weg zu einem gemeinsamen Verständnis im Dienst der Einheit; in: KNA-ÖKI Nr. 39 (27.09.2016) Dokumentation, I–V.

[17]   Vgl. *Johannes Oeldemann:* Die Synodalität in der Orthodoxen Kirche; in: Cath(M) 70 (2016), 133–148.

Das (Heilige und Große) Konzil der Orthodoxen Kirchen auf Kreta in ökumenischer Perspektive

Dagmar Heller[1]

1. Einleitende Bemerkungen

Wie die Klammer in der Formulierung der Überschrift zu diesem Artikel andeutet, bereitet die korrekte Bezeichnung des Konzils, das vom 18.–27. Juni 2016 in Kreta stattfand, einiges Kopfzerbrechen. Einberufen durch den Ökumenischen Patriarchen Bartholomaios I. von Konstantinopel trägt es auf der Webseite des Patriarchats den Namen „Heiliges und Großes Konzil" (Holy and Great Council[2]), in manchen Zusammenhängen wird es als „pan-orthodoxes Konzil"[3] bezeichnet, während die Russische Orthodoxe Kirche dieses Ereignis als „Konzil der Oberhäupter und Hierarchen von 10 autokephalen orthodoxen Ortskirchen"[4] betrachtet. Verstehbar ist dies nur aus der Vorgeschichte dieses Konzils, die ich in diesen Ausführungen daher kurz beleuchten werde.

Ich werde dies sowie die Analyse und Würdigung dieses Konzils aus „ökumenischer Perspektive" tun. Dies bedeutet: aus der Perspektive einer nicht-orthodoxen Christin, die – in der ökumenischen Bewegung engagiert – versucht, das Gesamtspektrum der heutigen Christenheit im Blick zu haben, aber dennoch ihre eigene lutherisch geprägte Herkunft nicht ausblen-

---

[1] Pfarrerin Dr. Dagmar Heller ist Dozentin für Ökumenische Theologie und Studiendekanin am Ökumenischen Institut Bossey sowie Studienreferentin für Glauben und Kirchenverfassung beim Ökumenischen Rat der Kirchen in Genf.

[2] Siehe www.patriarchate.org/ (aufgerufen am 23.11.2016).

[3] Z. B. https://georgianorthodoxchurch.wordpress.com/2016/06/14/the-georgian-church-withdraws-from-the-pan-orthodox-council/ (aufgerufen am 23.11.2016).

[4] Siehe https://mospat.ru/en/2016/06/17/news133068/; https://mospat.ru/en/2016/07/16/news133743/ (aufgerufen am 23.11.2016).

den kann. Für diese „ökumenische Perspektive" steht vor allem ein Dokument im Vordergrund, das ich genauer unter die Lupe nehmen werde: das Dokument über die „Beziehungen der Orthodoxen Kirche zur übrigen christlichen Welt"[5]. Relevant sind jedoch auch die Texte über „Das Sakrament der Ehe und seine Hindernisse"[6] sowie „Die Mission der Orthodoxen Kirche in der heutigen Welt"[7]. Die weiteren Texte (über „die Bedeutung des Fastens und seine Observanz heute", über „Autonomie und die Mittel, mit der sie erklärt wird" und zur „Orthodoxen Diaspora") beschäftigen sich mit inner-orthodoxen Fragen und deren praktischen Lösungen und stehen daher nicht im Zentrum der vorliegenden Betrachtungen.

1. Die Vorgeschichte des Konzils

Es war vor allem die neue Situation in der orthodoxen Welt, die geschaffen worden war durch größere Mobilität und Migration in der Neuzeit und die daraus resultierende engere Verbindung mit nicht-orthodoxen Kirchen, die bereits zu Beginn des 20. Jahrhunderts den ökumenischen Patriarchen Joachim III. veranlasste, die anderen orthodoxen Kirchen dazu aufzurufen, gemeinsam über die Beziehungen zur römisch-katholischen Kirche und zu den Protestanten nachzudenken.[8] In seiner bekannten Enzyklika von 1902 stellt er die Frage, „ob ... eine Präliminarkonferenz darüber zum gegenwärtigen Zeitpunkt für opportun gehalten wird, um eine günstige Basis gegenseitiger freundschaftlicher Annäherung vorzubereiten ..."[9]

Dabei ist die Idee eines Konzils, in welchem in „brüderlicher" Einmütigkeit wichtige Entscheidungen getroffen werden, für die Orthodoxie grundlegend und geht zurück auf die ersten Jahrhunderte und die sieben

---

[5] Die Originalsprachen der Konzilstexte sind Griechisch, Englisch, Russisch und Französisch. Die englische Fassung findet sich unter www.holycouncil.org/-/rest-of-christian-world (aufgerufen am 23.11.2016). Im Folgenden sind alle Zitate aus den Konzilsdokumenten von der Autorin aus der jeweiligen englischen Fassung ins Deutsche übersetzt.

[6] Siehe www.holycouncil.org/-/marriage (aufgerufen am 23.11.2016).

[7] Siehe www.holycouncil.org/-/mission-orthodox-church-todays-world (aufgerufen am 23.11.2016).

[8] „Zudem ist es gottgefällig und evangeliumsgemäß, die Meinungen der heiligsten autokephalen Kirchen über unsere jetzigen und zukünftigen Beziehungen zu den zwei großen Ranken des Christentums, nämlich der westlichen und der protestantischen Kirche, zu erfragen", Patriarchal- und Synodalenzyklika des Ökumenischen Patriarchats, Phanar 1902; in: *Athanasios Basdekis: Orthodoxe Kirche und Ökumenische Bewegung. Dokumente – Erklärungen –Berichte 1900–2006*, Frankfurt a. M./Paderborn 2006, 1–8, 4.

[9] Ebd., 5.

ökumenischen Konzile. So wurde im Laufe der Geschichte von orthodoxer Seite immer wieder an ein „ökumenisches Konzil" appelliert,[10] und es gab immer wieder pan-orthodoxe Synoden. Aufgrund der veränderten historischen Situation mit dem Schisma zwischen Ost- und Westkirche sowie der veränderten politischen Situation nach der Auflösung des Römischen Reiches, dem Fall Konstantinopels usw. und der damit verbundenen Unklarheit, durch wen ein ökumenisches Konzil einberufen werden könnte, kam seit dem 8. Jahrhundert kein solches Konzil mehr zustande.

Im 20. Jahrhundert wurde die Notwendigkeit eines pan-orthodoxen Konzils aber nicht nur wegen engerer Beziehungen zu nicht-orthodoxen Kirchen notwendig, sondern auch wegen inner-orthodoxer Entwicklungen wie z. B. die Entstehung einer orthodoxen Diaspora, die außer Jurisdiktionsfragen auch eine grundlegende ekklesiologische Klärung der Bedeutung des Ehrenprimats des ökumenischen Patriarchen verlangt.

Aber vor allem wurde 1923 die Notwendigkeit eines solchen Konzils deutlich, als nacheinander mehrere traditionell orthodox geprägte Staaten[11] den gregorianischen Kalender einführten, der von den orthodoxen Kirchen nicht ohne Absprache mit den anderen orthodoxen Gemeinschaften übernommen werden konnte. So kam es 1923 zu einem „pan-orthodoxen Kongress"[12] in Konstantinopel, einberufen von Patriarch Meletios IV, um gemeinsam mehrere „dringende Probleme, insbesondere das Kalenderproblem" zu diskutieren.[13] Die Frage der Beziehungen zu anderen Kirchen wurde hier allerdings nicht behandelt.

Die Forderung nach einer pan-orthodoxen Synode wurde jedoch auch danach weiter diskutiert, und 1930 tauchte die Frage nach den ökumenischen Beziehungen wieder auf einer Liste von zu behandelnden Punkten auf, die von einer Vorbereitungskommission für ein solches Konzil zusammengestellt wurde.[14]

Die eigentliche Vorbereitung einer ersten pan-orthodoxen Konferenz begann schließlich mit zwei Briefen des ökumenischen Patriarchen Athe-

---

[10] Vgl. *Viorel Ionita:* Towards the Holy and Great Synod of the Orthodox Church. The Decisions of the Pan-Orthodox Meetings since 1923 until 2009, Studia Oecumenica Friburgensia 62, Basel 2014, 1.

[11] 1916 Serbien, 1917 Kroatien und Slowenien, 1918 Russland, 1919 Rumänien, 1923 Griechenland.

[12] Bereits hier handelte es sich nicht um ein pan-orthodoxes Treffen im eigentlichen Sinne, da nicht alle orthodoxen Kirchen vertreten waren, wie Viorel Ionita feststellt. Vgl. *Ionita,* Towards the Holy and Great Synod, 5 f.

[13] Siehe *Ionita,* Towards the Holy and Great Synod, 4.

[14] Vgl. ebd., 17.

nagoras an die Oberhäupter der autokephalen Orthodoxen Kirchen 1951[15] und 1952. Die erste pan-orthodoxe Konferenz fand dann 1961 in Rhodos statt und bearbeitete vor allem die Liste der von einer pan-orthodoxen Synode zu behandelnden Themen. Unter den acht Kategorien, in die die Einzelfragen eingeteilt wurden, findet sich wieder diejenige nach den Beziehungen der Orthodoxen Kirchen zur übrigen christlichen Welt. 1968 wurde dann in Chambésy (Schweiz) ein Sekretariat für die Vorbereitung des Heiligen und Großen Konzils eingerichtet sowie einige Vorbereitungskommissionen und das Abhalten von pan-orthodoxen vorkonziliaren Konferenzen.

1976, auf der ersten pan-orthodoxen vorkonziliaren Konferenz in Chambésy wurde die Liste der Tagesordnungspunkte für das geplante Konzil auf zehn festgelegt, darunter zwei ökumenisch relevante Themen: „Die Beziehungen der Orthodoxen Kirche mit dem Rest der christlichen Welt" und „Die Beziehungen der Orthodoxen Kirche zur ökumenischen Bewegung". Auf dieser Grundlage wurden 1986 auf der dritten pan-orthodoxen vorkonziliaren Konferenz zwei Dokumente zu diesen Themenbereichen verabschiedet.[16] In verschiedenen weiteren Treffen der Oberhäupter der Orthodoxen Kirchen – der sogenannten Synaxis –, vor allem 1992, 1995 und 2000, wurde der Vorbereitungsprozess mit verschiedenen Schwierigkeiten weiter betrieben. 2014 schließlich beschlossen diese Kirchenführer die Einberufung des Konzils für 2016. Außerdem wurde die Tagesordnung gekürzt und beschlossen, einige der bereits erarbeiteten Texte zu revidieren. Zu diesen Texten gehörten auch die beiden oben genannten aus dem Jahr 1986. Diese Revision wurde 2014 und 2015 durch eine dafür eingerichtete Kommission vorgenommen, die die beiden genannten Texte in einen einzigen verarbeitete. Dieser Text wurde im Oktober 2015 auf der fünften pan-orthodoxen vorkonziliaren Konferenz genehmigt, und die Synaxis der Oberhäupter der Orthodoxen Kirchen beschloss im März 2014 im Phanar, ihn auf die Tagesordnung des Konzils in Kreta zu setzen.[17]

Bis zu diesem Zeitpunkt waren alle Orthodoxen Kirchen in die Vorbereitungen des Konzils eingebunden. Nur das Patriarchat von Antiochien

---

[15] "Our Most Holy, Ecumenical, Apostolic and Patriarchal Throne ... to propose for a time that is suitable to its sisters, the Most Holy Churches, to summon a Great Ecumenical Synod ..."; in: *Ionita,* Towards the Holy and Great Synod, 38.

[16] Die englischen Übersetzungen dieser Texte sind abgedruckt; in: *Ionita,* Towards the Holy and Great Synod, 167–176.

[17] *Job of Telmessos* (Getcha): The Ecumenical Significance of the Holy and Great Council of the Orthodox Church, Lecture at the headquarters of the CEC in Brussels, May 30, 2016, www.orthodoxcouncil.org/-/the-ecumenical-significance-of-the-holy-and-great-council-of-the-orthodox-church (aufgerufen am 23.11.2016).

hatte bereits die Entscheidungen des oben genannten Treffens der Kirchenführer im März 2016 aufgrund von jurisdiktionellen Querelen mit dem Patriarchat von Jerusalem in Katar nicht unterschrieben. Da die Frage trotz Bitten Antiochiens nicht behandelt wurde, weigerte sich dieses Patriarchat, am Konzil in Kreta teilzunehmen.

Aber diese Kirche blieb nicht die einzige, die sich fern hielt. Der Heilige Synod der Bulgarischen Orthodoxen Kirche veröffentlichte am 1. Juni 2016 seine Entscheidung, dem pan-orthodoxen Konzil ebenfalls fernzubleiben. Genauer gesagt bat sie um Verschiebung des Konzils, bis ihre Forderungen erfüllt wären, die sich vor allem auf fehlende Themen auf der Tagesordnung bezogen, die allerdings nicht näher erläutert wurden.[18]

Am 25. Mai 2016 stellte die Synode der Serbischen Orthodoxen Kirche ernsthaft die Frage, ob das geplante Konzil die Kriterien einer Synode im Sinne der Geschichte der Orthodoxen Kirche erfülle und stellte in Frage, ob das Konzil wirklich die Einheit der Kirche abbilde.[19] Vor allem werden die Durchführungsregelungen für das Konzil als unvereinbar mit dem Prinzip der Konziliarität kritisiert. Auch wurde die Verbesserung der vorbereiteten Texte gefordert.

In einem Brief vom 6. Juni an den ökumenischen Patriarchen bittet der serbische Patriarch um Verschiebung des Konzils[20] und gibt als ersten Grund die Unzufriedenheit verschiedener orthodoxer Ortskirchen mit den vorbereiteten Texten an sowie die Entscheidungen von Antiochien und Bulgarien, nicht am Konzil teilzunehmen. Eine interessante Kritik ist außerdem „der fehlende Wille unserer Mutterkirche von Konstantinopel wenigstens einen der Vorschläge unserer Kirche (z. B. die Diskussion über die Autokephalie, das Stimmrecht der Bischöfe an der Synode, den Vorschlag, die Synoden des 9. und des 14. Jahrhunderts im Bewusstsein und der Praxis der Orthodoxen Kirche bereits als ökumenisch zu betrachten und einige andere, vielleicht weniger bedeutende) in die Themen und die Tagesordnung der Synode aufzunehmen"[21]. Aus diesem Grunde wird es als

---

[18]   Siehe www.pravoslavie.ru/english/93882.htm und www.pravmir.com/resolution-of-the-holy-synod-of-the-bulgarian-orthodox-church-regarding-the-pan-orthodox-council/ (aufgerufen am 23.11.2016). Vgl. dazu den Beitrag von *Martin Illert* in diesem Heft, S. 42 ff.

[19]   "We wonder whether the pending Synod fulfills the criteria and measure of true synods from the history of the Orthodox Church." Siehe www.spc.rs/eng/referring_holy_and_great_council_orthodox_church (aufgerufen am 23.11.2016).

[20]   Ebd.

[21]   Ebd. "The lack of will from our Mother Church of Constantinople to have at least one of the proposals of our Church (such as the discussion on autocephaly, right of bishops to vote at the Synod, on regarding the synods from the ninth and fourteenth centuries as ecumenical already, in the consciousness and practice of the Orthodox Church, and some

„schwierig" empfunden am Konzil teilzunehmen.[22] Aus einem Kommuniqué desselben Patriarchats vom 15. Juni 2016[23] geht hervor, dass offenbar Delegierte nach Kreta geschickt werden, die aber das Konzil sofort verlassen müssten, falls die von den abwesenden Kirchen geforderten Punkte nicht behandelt würden.

Am 10. Juni 2016 beschließt der Heilige Synod der Georgischen Orthodoxen Kirche, nicht in Kreta teilzunehmen.[24]

In ihrer offiziellen Erklärung vom 13. Juni bezieht sich die Russische Orthodoxe Kirche auf die vier anderen Orthodoxen Kirchen, die ihre Teilnahme in Kreta abgesagt hatten (Antiochien, Georgien, Serbien und Bulga-

other ones, perhaps less significant) included into the thematic and agenda of the Synod."

[22] Ebd. "…difficult to participate in the summoned Holy and Great Synod, and proposes that it be postponed for a certain time: while our pending gathering at Crete, with the help of God, would be regarded as a pre-Synodal inter-Orthodox consultation with the aim of additionally preparing the Synod and improving its texts, or, at the most, as the inaugural phase of the whole synodal process, which is to be completed in subsequent continuation, in the next phase, when all disagreements are removed in favor of unity of mind and consensus of Churches."

[23] "In brotherly love, while with responsibility and hopes preparing for the participation in the Holy and Great Council of the Orthodox Church, … the Holy Synod of Bishops in its broader composition at its session held at the Serbian Patriarchate in Belgrade, on June 15, 2016, regarding the situation created after the ordinary convocation of the Holy Assembly of Bishops of the Serbian Orthodox Church, passes the following decision: First of all, …our Church wants, in a spirit of ecclesial upbuilding, to contribute in the way that also this Holy and Great Council fulfills criteria and the measure of true Councils in the history of the Orthodox Church and justifies its title.
On the other hand, our Church requests that problems and matters not only of the Serbian Orthodox Church, but also of the other most Holy Churches that cancelled their participation in the Council, be considered at that Council.
With this aim in mind, the Holy and Great Council should last as long as these questions have not been considered, and it cannot be a hostage of in advance laid out and accepted rules. Exclusively with the full consensus the Council can be considered as Holy and Great Council.
At last, our Church insists that the gathering on the island of Crete be a beginning of a Conciliar process, that the matters in question should be solved during its working process, but in the spirit of synodic tradition of the Church of Christ.
In case that the Churches present at the Council, with the Ecumenical Patriarchate at head, persist in the position that the absent Churches without a real reason boycott the work of the Council, and in case that the already present Churches reject to take into consideration all the matters in question, problems and disagreements, the representatives of the Serbian Orthodox Church at the Council will be, regretfully, forced to leave the sessions of that Council and in that way join the Churches that are already absent.
This is by no means a threat or ransom, but a consequent implementation of the position and decisions of the Holy Assembly of Bishops of the Serbian Orthodox Church held in May 2016."

[24] Siehe https://mospat.ru/en/2016/06/11/news132881/ (aufgerufen am 23.11.2016).

rien) und erklärt: "In this situation, the necessary ground for convening a Holy and Great Council ... is obviously absent."[25]

Trotz all dieser Widerstände beharrte das ökumenische Patriarchat auf der Durchführung des Konzils.

Für die ökumenische Perspektive ist diese Vorgeschichte des Konzils aufschlussreich in mehrerer Hinsicht: Zum einen zeigen sich inner-orthodoxe Spannungen, die mit der Rivalität zwischen den Patriarchaten in Moskau und in Konstantinopel zusammenhängen. Darüber hinaus fühlen einige Kirchen ihre Anliegen nicht genügend berücksichtigt. Schließlich kann man aber auch generell eine unterschiedliche Haltung auf Seiten der slawischen Patriarchate im Gegensatz zu den griechisch-geprägten gegenüber dem Konzil feststellen, die auf eine unterschiedliche Geschichte und Mentalität zurückzuführen ist. Deutlich sind zudem in praktisch allen orthodoxen Kirchen Bewegungen, die sämtliche Kontakte und Dialoge mit anderen christlichen Kirchen bekämpfen. Nur auf diesem Hintergrund kann die ökumenische Relevanz der in Kreta verabschiedeten Texte erfasst werden.

2. Das Konzil auf Kreta und die Ökumene

Wie bereits erwähnt stellt das in Kreta verabschiedete Dokument „Beziehungen der Orthodoxen Kirche zur übrigen christlichen Welt" eine Kombination von zwei 1986 erarbeiteten Texten zu den Themen „Die Orthodoxe Kirche und die Ökumenische Bewegung" und „Beziehungen der Orthodoxen Kirche mit der christlichen Welt"[26] dar. Dies ist sinnvoll, insofern die „christliche Welt" die ökumenische Bewegung mit einschließt. Bei genauerem Hinsehen fällt zunächst auf, dass durch diese Kombinierung vor allem ein größerer Textteil des alten Dokuments „Beziehungen der Orthodoxen Kirche mit der christlichen Welt" wegfällt, der sich mit den einzelnen bilateralen Dialogen beschäftigte, die die Orthodoxe Kirche mit anderen Kirchen führt.[27] Dies lässt sich zum einen damit erklären, dass diese

---

[25] Siehe https://mospat.ru/en/2016/06/13/news132897/ (aufgerufen am 23.11.2016), s. auch www.christiantoday.com/article/russian.orthodox.church.pulls.out.of.pan.orthodox.council/88291.htm (aufgerufen am 23.11.2016).

[26] Vgl. *Ionita*, Towards the Holy and Great Synod, 167–170 und 170–176.

[27] Das Dokument ist abgedruckt; in: *Ionita*, Towards the Holy and Great Synod, 170–176. Dort finden sich auf den Seiten 172–176 Abschnitte, die sich mit den verschiedenen existierenden bilateralen Dialogen der Orthodoxen Kirche beschäftigen und Empfehlungen abgeben, in welche Richtung der jeweilige Dialog weitergehen sollte.

Dialoge von verschiedenen Orthodoxen Kirchen verschieden beurteilt werden, aber auch damit, dass der Stand dieser Dialoge heute ein anderer ist als 1986. Beispielsweise wird 1986 noch empfohlen, dass „die Voraussetzungen hinsichtlich des kirchlichen Lebens angesichts der einzurichtenden kirchlichen Gemeinschaft mit den Alt-Katholiken sobald wie möglich geschaffen werden sollen".[28] Seither haben sich die Alt-Katholiken eher den protestantischen Kirchen angenähert, indem die Frauenordination eingeführt und in Deutschland z. B. eucharistische Gastfreundschaft mit der EKD vereinbart wurde. Es gibt zwar weiterhin eine Dialogarbeitsgruppe mit der Orthodoxen Kirche, aber die Erklärung von kirchlicher Einheit ist in weite Ferne gerückt. Ähnliches lässt sich vom Dialog mit den Anglikanern sagen. Daher ist es kaum erstaunlich, dass diese Passagen im Dokument von Kreta fehlen.

Ansonsten stimmt der in Kreta verabschiedete Text mit den beiden Texten von 1986 in den Grundzügen überein. Das Dokument beginnt mit einer klaren Feststellung, dass der Orthodoxen Kirche „als der Einen, Heiligen, Katholischen und Apostolischen Kirche" eine zentrale Rolle im Vorantreiben der Bemühungen um christliche Einheit zukommt.[29] Diese Einheit wird durch die apostolische Sukzession und die Tradition der Kirchenväter gewährleistet.[30] Die Verantwortung der Orthodoxen Kirche für die Einheit wird auf die ökumenischen Konzile zurückgeführt und daher wird ihre Rolle in der ökumenischen Bewegung und ihre Beteiligung an bilateralen Dialogen hervorgehoben und als in Übereinstimmung mit dem Wesen und der Geschichte der Orthodoxen Kirche dargestellt.

In diesen Abschnitten wird auch angedeutet, dass diese Einheit „in der Kirche bis heute gelebt wird"[31]. Dass mit Kirche offensichtlich die orthodoxe Kirche gemeint ist, erschließt sich aus der nachfolgenden Feststellung: „Die Orthodoxe Kirche hat die Mission und die Pflicht die ganze Wahrheit, die in der Heiligen Schrift und der Heiligen Tradition enthalten ist, weiterzugeben und zu verkündigen." Hieraus liest die ökumenische Leserin zum einen eine missionarische Haltung für die ökumenische Sache, aber gleichzeitig eine Überlegenheit der Orthodoxie im Hinblick auf das Ziel der Ökumene.

---

[28] "... so that the premises concerning the church life in view with instituting the ecclesial communion with the Old Catholics should be established as soon as possible." Ebd., 173.

[29] Par. 1: "The Orthodox Church....believes unflinchingly that she occupies a central place in the matter of the promotion of Christian unity in the world today."

[30] Par. 2: "This unity is expressed through the apostolic succession and the patristic tradition...."

[31] Par. 2.

Der Text ist aber vor allem an orthodoxe Leser gerichtet. Dies zeigt sich in der Betonung der Verantwortung der orthodoxen Kirchen für die „ökumenische Mission" im dritten Paragraphen und die etwas defensive Betonung in Paragraph 4, dass das ökumenische Engagement zum Wesen der orthodoxen Kirche hinzugehört. Dies lässt sich nur aus inner-orthodoxen Angriffen gegen die Ökumene erklären.

Aus der Perspektive nicht-orthodoxer Kirchen ist Paragraph 6 besonders interessant. Wieder wird die Einheit der Orthodoxen Kirche betont, die nie „zerstört werden kann". „Dennoch anerkennt die Orthodoxe Kirche den historischen Namen anderer, nicht-orthodoxer Kirchen und Konfessionen, die nicht in Gemeinschaft mit ihr stehen und ist der Meinung, dass ihre Beziehungen zu diesen auf der schnellstmöglichen und möglichst objektiven Klärung der gesamten ekklesiologischen Frage und ganz besonders ihrer allgemeineren Lehren über die Sakramente, die Gnade, das Priestertum und die apostolische Sukzession gegründet sein sollte. Daher war sie sowohl aus theologischen als auch aus pastoralen Gründen positiv eingestellt gegenüber dem theologischen Dialog mit anderen Christen auf bilateraler und multilateraler Ebene und gegenüber einer allgemeinen Teilnahme in der ökumenischen Bewegung der jüngsten Zeit, in der Überzeugung, dass sie durch Dialog ein dynamisches Zeugnis von der Fülle der Wahrheit in Christus und ihre geistlichen Schätze ablegt gegenüber denen, die außerhalb stehen mit dem objektiven Ziel, den Pfad, der zur Einheit führt zu ebnen."[32] Im Text von 1986 war formuliert worden: „Während sie die eine, heilige, katholische und apostolische Kirche ist, ist sich die Orthodoxe Kirche vollkommen ihrer Verantwortung für die Einheit der christlichen Welt bewusst; sie anerkennt die de facto Existenz der christlichen Kirchen und Konfessionen, aber sie glaubt gleichzeitig, dass ihre Beziehungen mit diesen zur Klärung ihrer Ekklesiologie führen sollte und speziell ihrer allgemeinen Lehre über die Sakramente, Gnade, Priestertum und apostolische Sukzession. Sie sollten diese Klärung soweit wie möglich aus ihrer eigenen Position sobald wie möglich und auf eine objektive Art machen."[33] Unklar bleibt in beiden Texten, was mit „Klärungen" gemeint ist ("clarification"; in der Fassung von 2015: "elucidation"). Aus dem Zusammenhang heraus scheint gemeint zu sein, dass die nicht-orthodoxen Kirchen darlegen sollen, inwieweit ihre Ekklesiologie und die genannten spezifischen Topoi der Auffassung der Orthodoxen Kirche und damit der patristischen Tradition entsprechen, da nur auf einer solchen Grundlage festgestellt wer-

---

[32] Übersetzung aus dem Englischen von DH.
[33] *Ionita,* Towards the Holy and Great Synod, 171.

den kann, ob es sich um Kirchen handelt und daher Einheit festgestellt werden kann oder nicht. Es scheint also weniger an „Erklärungen" gedacht zu sein, sondern an Klärungen, die zur Einheit führen. Mit anderen Worten: Es geht vermutlich darum, dass die nicht-orthodoxen Kirchen ihre Ekklesiologie „berichtigen" sollen. Im Text von 1986 scheint diese Klärung von Seiten der nicht-orthodoxen Kirchen beigebracht werden zu müssen, im Text von 2016 ist es der Dialog, der diese Klärung herbeiführen soll.

Hinter der etwas eigenartigen Formulierung, die Orthodoxe Kirche anerkenne „den historischen Namen" anderer Kirchen steckt einer der Hauptstreitpunkte des Konzils. Die Formulierung, die im Endstadium der Vorbereitungsphase bereits von allen Kirchenvertretern auf der fünften pan-orthodoxen vorkonziliaren Konferenz in Chambésy im Oktober 2015 angenommen worden war, hatte gelautet: „Die Orthodoxe Kirche anerkennt die historische Existenz anderer christlicher Kirchen und Konfessionen, die nicht in Gemeinschaft mit ihr sind ...".[34] Bereits im Vorfeld des Treffens hatte in einigen Orthodoxen Kirchen, – so z. B. in der Kirche von Zypern[35] und der Bulgarischen Kirche[36] – eine Diskussion darüber stattgefunden, ob die nicht-Orthodoxen Kirchen als „Kirchen" bezeichnet werden können. Die endgültige vorliegende Formulierung ist offenbar ein Kompromiss, der letztlich die Annahme des Textes möglich machte. Dabei wird nun offen gelassen, ob diese anderen Gemeinschaften als Kirchen anerkannt werden können oder nicht, sondern es wird lediglich anerkannt, dass sie sich selbst als Kirchen bezeichnen.

Im Folgenden betont der Text noch einmal, auf welcher Grundlage die

---

[34] "The Orthodox Church acknowledges the historical existence of other Christian Churches and Confessions that are not in communion with her and believes that her affiliation with them should be based on a speedy and objective elucidation of all ecclesiological topics, most especially their general teachings on sacraments, grace, priesthood, and apostolic succession", www.holycouncil.org/-/preconciliar-relations (aufgerufen am 23.11.2016).

[35] Vgl. z. B. den Metropoliten Athanasios von Limassol unter www.pravoslavie.ru/english/90619.htm (aufgerufen am 23.11.2016), der klar und deutlich sagt: "There are no churches or confessions. Rather, these have cut themselves off from the Church and must be considered heretics and schismatics." und "I maintain that giving the title 'Church' to heretical or schismatic communities is entirely incorrect from a theological, dogmatic and canonical perspective..."

[36] Освен Светата Православна църква не съществуват други църкви, а единствено ереси и разколи, и да се наричат последните „църкви" е богословски, догматически и канонически напълно погрешно. ("Besides the Holy Orthodox Church, there are no other churches, but only heresies and schisms, and to call the latter 'churches' is theologically, dogmatically, and canonically completely wrong."), Sitzung des Hl. Synods der Bulgarischen Orthodoxen Kirche am 21.04.2016, www.bg-patriarshia.bg/news.php?id =201851 (aufgerufen am 23.11.2016), Übersetzung von Peter Anderson, Seattle, USA.

Orthodoxe Kirche trotz der vorhandenen Schwierigkeiten sich in ökumenischen theologischen Dialogen engagiert. Es folgen einige praktische Hinweise zur Bedeutung von Dialogergebnissen und wie diese auf pan-orthodoxer Ebene zu kommunizieren sind, sowie zur Frage der Repräsentation der orthodoxen Ortskirchen in den Dialogen und zur Methode.

Mehrere Paragraphen (Par. 16–21) sind dem Ökumenischen Rat der Kirchen und den Beziehungen der Orthodoxen zu diesem gewidmet und gewissermaßen auf den neuesten Stand gebracht gegenüber der Fassung von 1986. D. h. es werden die 1997/98 erfolgten Austritte der Bulgarischen Orthodoxen Kirche und der Georgischen Orthodoxen Kirche aus dem ÖRK erwähnt, ohne allerdings Folgerungen für irgendeine Seite daraus zu ziehen. Auch die Arbeit der 1998 eingerichteten „Sonderkommission zur Orthodoxen Mitarbeit im ÖRK" wird erwähnt. Wie bereits im früheren Text „Die Orthodoxe Kirche und die Ökumenische Bewegung" wird auch hier deutlich gemacht, dass die Orthodoxe Kirche die Idee von der Gleichheit der Konfessionen keinesfalls akzeptieren kann. Die „Einheit, die im ÖRK gesucht wird, kann nicht einfach das Produkt theologischer Vereinbarungen sein, sondern muss auch auf der Einheit des Glaubens gegründet sein, der in den Sakramenten bewahrt wird und in der Orthodoxen Kirche gelebt wird". Dies hört sich in den Ohren der ökumenischen Beobachterin nach einer Art „Rückkehr" zur Orthodoxie an, die nötig ist, um zur Einheit der Kirchen zu gelangen, wie sie auch schon zu Beginn des Textes (Par 2) angedeutet wurde.[37]

Im Hinblick auf den ÖRK wird die Toronto-Erklärung des ÖRK-Zentralausschusses von 1950 hervorgehoben, deren Feststellung, dass der ÖRK keine Super-Kirche ist, als „unverzichtbare Bedingung" für die Mitgliedschaft der orthodoxen Kirchen beschrieben wird (Par. 19). Als Grundlage für theologische Dialoge werden Canon 7 des zweiten Ökumenischen Konzils sowie Kanon 95 des Quinisextum angegeben (Par. 20). Besonders wird die Arbeit der Kommission für Glauben und Kirchenverfassung als positiv und lobenswert hervorgehoben (Par 21), während gleichzeitig – und dies ist ein Satz, der im Text von 1986 nicht zu finden ist – Bedenken gegenüber einigen Themen von Glauben und Kirchenverfassung geäußert werden, „weil die nicht-orthodoxen Kirchen und Konfessionen vom wahren Glauben der Einen, Heiligen, Katholischen und Apostolischen Kirche abgewichen sind".[38] Dabei bleibt verborgen, um welche Themen[39] es sich han-

---

[37] Siehe oben, wo es heißt: „Die Orthodoxe Kirche hat die Mission und die Pflicht, die gesamte Wahrheit, die in der Heiligen Schrift und der Heiligen Tradition enthalten ist, weiterzugeben und zu verkünden."

delt und mit welcher Logik die „Abweichungen" der nicht-orthodoxen Kirchen Bedenken gegenüber der Behandlung bestimmter Themen hervorrufen, nachdem in den vorangegangenen Textteilen selbstbewusst deutlich gemacht wurde, dass die Beteiligung an ökumenischen Dialogen dazu dient, die nicht-Orthodoxen gewissermaßen wieder auf den rechten Weg zu bringen.

Interessant ist aber auch Par. 22 – auch dies ein neu eingefügter Textteil –, der deutlich solche Gruppen innerhalb der Orthodoxie verurteilt, die sich unter dem Vorwand, die wahre Orthodoxie zu verteidigen, gegen die Orthodoxen Kirchen wenden. Hiermit sind Gruppen gemeint, die derzeit in allen Orthodoxen Kirchen den offiziellen Kirchenleitungen Beschwerden bereiten und vor allem ökumenisches Engagement verurteilen.

3. Zusammenfassende Würdigung

Immer wieder im Laufe der Geschichte der modernen ökumenischen Bewegung wurde deutlich, dass sich die Orthodoxen Kirchen mit dem Ökumenischen Rat der Kirchen und mit nicht-orthodoxen Kirchen, insbesondere den protestantischen Kirchen, schwer tun. Dies hat sich in verschiedenen Sondererklärungen bei Vollversammlungen des ÖRK gezeigt und besonders in der Krise Mitte der 1990er Jahre, die zur Bildung einer „Sonderkommission zur orthodoxen Mitarbeit im Ökumenischen Rat der Kirchen" führte. Insbesondere die Frage nach dem gemeinsamen Beten spielte immer wieder eine Rolle, und bereits 1952 wurde vom Ökumenischen Patriarchen klargestellt, dass orthodoxe Kleriker in Gottesdiensten mit Heterodoxen vorsichtig sein sollen, da solche nicht den heiligen Kanones entsprechen.[40] Ein anderes Beispiel ist die Frage der Anerkennung der Taufe von nicht-Orthodoxen, die zu unterschiedlichen Zeiten und in verschiedenen orthodoxen Kirchen unterschiedlich gehandhabt wurde und wird.[41] Nur in der Frage der Teilnahme am Abendmahl waren und sind die Orthodoxen bis heute strikt – auch gegenüber Katholiken – es kann keine

---

[38] Par. 21.

[39] Vermutlich handelt es sich um die jüngste Studie von Glauben und Kirchenverfassung, die sich mit moralisch-ethischer Urteilsbildung befasst (Faith & Order Paper No. 215) und die in orthodoxen Kreisen Bedenken hervorgerufen hat.

[40] Enzyklika des Ökumenischen Patriarchats von 1952; in: *Gennadios Limouris* (Hg.): Orthodox Visions of Ecumenism. Statements, Messages and Reports on the Ecumenical Movement, 1902–1992, Geneva 1994, 20–22, 20.

[41] Mehr dazu in meinem Buch "Baptized into Christ. A Guide to the Ecumenical Discussion on Baptism", Geneva 2012, 10 f.

Interkommunion und auch keine eucharistische Gastfreundschaft geben, solange keine Einheit festgestellt ist. Auf die Frage, welche Bedingungen konkret erfüllt sein müssen, damit Einheit besteht, gibt es meist die Antwort: Einheit im Glauben ist das Kriterium. Für viele Protestanten bleibt allerdings unklar, was dies im Einzelnen bedeutet. Insgesamt kann man hier eine Unklarheit auf Seiten der Orthodoxie feststellen, die darauf beruht, dass es bisher kein panorthodoxes Konzil gegeben hat, das hätte feststellen können, 1. ob die protestantischen Kirchen als Kirchen anzusehen sind oder nicht und 2. wie die Einheit konkret aussehen soll.

Aus diesem Grunde hat die westliche Christenheit mit großem Interesse die Vorbereitungen eines pan-orthodoxen Konzils beobachtet, die im 20. Jahrhundert begonnen wurden und nun zu einem Ergebnis geführt haben.

Dabei muss man als Beobachterin von außen folgendes feststellen:

1. Die ernsthaften Bemühungen der Orthodoxen Kirchen, ihre Einheit zu festigen, sind aus ökumenischer Perspektive nur zu begrüßen, denn es kann für den ökumenischen Dialog nur fruchtbar sein, wenn sich die Beteiligten untereinander einig sind und ihren Standpunkt klar vertreten können. Was die Ergebnisse des Konzils in Kreta angeht, muss allerdings abgewartet werden, wie die dort verabschiedeten Dokumente und insbesondere der Text über die ökumenischen Beziehungen in den Kirchen rezipiert werden. Besonders interessant dürfte dabei die Aufnahme in der Russischen Orthodoxen Kirche sein, die an der Erarbeitung des Erstentwurfs des Ökumenedokuments durch Metropolit Hilarion von Volokolamsk vertreten war. Bisher gibt es aus Moskau allerdings nur einen Synodenbeschluss vom 16. Juli 2016, der die Wichtigkeit des Treffens in Kreta hervorhebt, selbiges aber nur als einen „Beitrag zur Vorbereitung eines Heiligen und Großen Konzils" und als „ein wichtiges Ereignis in der Geschichte des konziliaren Prozesses in der Orthodoxen Kirche" versteht. Die Texte von Kreta werden zwar als Ausdruck eines pan-orthodoxen Konsenses bezeichnet, wurden aber erst einmal an die Biblisch-Theologische Kommission des Heiligen Synods zur Veröffentlichung und zum Studium verwiesen.[42]

2. Im Hinblick auf die Frage, ob orthodoxerseits die anderen christlichen Kirchen als Kirchen verstanden werden oder nicht, wurde in Kreta anerkannt, dass es christliche Gemeinschaften außerhalb

---

[42] Siehe https://mospat.ru/en/2016/07/16/news133743/ (aufgerufen am 23.11.2016).

der Orthodoxen Kirche gibt, die sich selbst Kirchen nennen. Dies ist positiv zu bewerten in der Hinsicht, dass den Stimmen, die nicht-Orthodoxe als Häretiker und Schismatiker ansehen, offenbar nicht zugestimmt wurde. Wenn man allerdings den heutigen Text mit dem Textentwurf von 1986 vergleicht, bekommt man den Eindruck, dass die frühere Formulierung weiter ging, wenn dort fraglos von anderen „Kirchen" die Rede war. Der Text über das Sakrament der Ehe ist aus ökumenischer Sicht nicht weiterführend, sofern dort festgehalten wird, dass Mischehen zwischen Orthodoxen und nicht-orthodoxen Christen verboten sind. Immerhin ist die Möglichkeit der ‚oikonomia' gegeben. Positiv ist zu vermerken, dass im Vergleich zum Textentwurf von 1982[43] heute die orthodoxe Taufe und Erziehung der Kinder einer solchen Mischehe nicht mehr als Bedingung für die ‚oikonomia' erwähnt werden.

3. Im Hinblick auf die bestehende Situation innerhalb der Orthodoxen Kirchen und innerhalb der ökumenischen Bewegung scheint der Text die derzeitigen Realitäten zum Ausdruck zu bringen. Positiv ist aus ökumenischer Sicht zu vermerken, dass fundamentalistische und anti-ökumenische Tendenzen scharf verurteilt werden und an der Beteiligung der Orthodoxen Kirche an der ökumenischen Bewegung klar festgehalten wird.

4. In dem Text „Die Mission der Orthodoxen Kirche in der heutigen Welt" wird „inner-christliche Zusammenarbeit" im Hinblick auf den Schutz der Menschenwürde und für den Frieden in der Welt als „wesentlich" herausgestellt. Allerdings werden daraus keine Konkretionen für die Zusammenarbeit im Ökumenischen Rat der Kirchen abgeleitet.

Da in Kreta nicht alle 14 autokephalen Kirchen anwesend waren, hängt für eine grundlegendere Bewertung des Konzils aus ökumenischer Sicht nun alles davon ab, wie die Dokumente von Kreta in den nächsten Monaten und Jahren rezipiert und umgesetzt werden und wie das Konzil als Gesamtereignis in allen Orthodoxen Kirchen und vor allem in den Kirchen, die in Kreta nicht dabei waren, gewertet wird.

---

[43]   *Ionita,* Towards the Holy and Great Synod, 154–157, 155.

Offener Brief des Europäischen Forums Christlicher LGBT-Gruppen an das Heilige und Große Konzil der Orthodoxen Kirche auf Kreta, Juni 2016

Eure All-Heiligkeit, Eure Heiligkeiten, Seligkeiten, Eminenzen und Exzellenzen,

liebe Väter, Brüder und Schwestern, liebe Delegierte des Heiligen und Großen Konzils, das Europäische Forum Christlicher Lesbischen-, Schwulen-, Bisexuellen-, und Transgender-Gruppen ist ein ökumenischer Dachverband von mehr als 40 Gruppen in ganz Europa und repräsentiert ca. 6.000 lesbische, homosexuelle, bisexuelle und transsexuelle (LGBT) Christen. Wir möchten anlässlich der historisch bedeutsamen Tagung des Heiligen und Großen Konzils der Orthodoxen Kirche die Verantwortlichen der Orthodoxen Kirche auf die Situation ihrer LGBT-Gemeindeglieder aufmerksam machen, da deren Lage uns alle angeht.

Wir sind nicht draußen, sondern drinnen

Obwohl LGBT-Menschen recht häufig als eine Gruppierung dargestellt werden, die außerhalb der Orthodoxen Kirche steht, können wir vom Europäischen Forum Christlicher LGBT-Gruppen bezeugen, dass tatsächlich auch innerhalb der Orthodoxen Kirche der Anteil der Menschen mit einer weniger traditionellen sexuellen Orientierung und Geschlechtsidentität genau dem in der Gesellschaft entspricht. Dies wurde uns bei unseren vielen Aktivitäten in Osteuropa und aufgrund der Präsenz orthodoxer Christen in unseren Mitgliedsgruppen deutlich.

Die Erfahrung vieler religiöser Gemeinschaften und Kontexte zeigt, dass der Kampf um die Versöhnung der „religiösen" und der „sexuellen" Dimensionen der Identität eines Menschen eine der schwierigsten Aufgaben ist, die ein Christ zu meistern hat. Dies gilt insbesondere dann, wenn die Ortsgemeinde einem solchen Christen die Zugehörigkeit verweigert oder diesen Christen als Feind betrachtet.

Wir bitten Sie: Immer, wenn Sie über LGBT-Menschen und deren Belange sprechen, in Predigten oder Ansprachen, bitte seien Sie sich immer bewusst, dass wir womöglich direkt vor Ihnen stehen! Wir sind kein abstraktes Konzept, sondern wirkliche Menschen – Ihre Kinder, Schwestern und Brüder.

Geschichten des Leids

Wir haben viele Geschichten von orthodoxen LGBT-Christen gehört – Geschichten von inneren Konflikten und Schmerz. Oft lässt sich das Anerkennen der Wahrheit über uns Betroffene nicht mit einem starken Engagement und dem Willen zum Verbleiben in der Orthodoxen Kirche vereinbaren. Einige von uns haben ihre Sexualität angenommen, andere stellen die ersten Fragen; einige haben sich entschieden, nur ihrem Gewissen zu gehorchen und zu ihrer Sexualität zu stehen, andere haben vielleicht noch keinen öffentlichen Schritt getan und gerade erst ihre sexuelle Identität als eine Realität für sich selbst anerkannt.

Häufig scheinen aber solche Realitäten für die orthodoxen Gemeinden unerträglich zu sein. Vielen orthodoxen LGBT-Christen wurden die Gemeindezugehörigkeit bereits aberkannt und sie wurden vom Heiligen Abendmahl ausgeschlossen; sie mussten sich einer Konversionstherapie mit schädlichen Auswirkungen auf ihre Persönlichkeit unterziehen, sie wurden zur Aufnahme eines monastischen Lebens genötigt, obwohl sie weder die Neigung noch die Berufung dazu verspürten; sie wurden in heterosexuelle Ehen gezwungen, wodurch noch weitere Menschen verletzt wurden (ihre Ehepartner, Kinder und Familien). Da diesen orthodoxen Christen auf diese Weise Gewalt angetan oder sie in die Selbstzerstörung getrieben wurden, führten solche Erfahrungen zum Ärger gegen Gott und in manchen Fällen zum Kirchenaustritt. Einige orthodoxe LGBT-Menschen, die Gottes Stimme nicht mehr vernehmen, die verwirrt und erschöpft sind und ihren Durchhaltewillen verloren haben, die von ihren Pastoren, Gemeinden und sogar ihren Familien nicht mehr unterstützt werden, nehmen sich das Leben.

Die in der Orthodoxie sehr geschätzte Eigenschaft, sich demütig insbesondere in der Fürbitte und beim Eintreten für andere auf Wagnisse einzulassen, gibt uns den Mut, die gegenwärtige Situation orthodoxer LGBT-Christen neu zu überdenken.

Wir bitten Sie, alles zu tun, das in Ihrer Macht steht, damit diese Gewalttat und Aggression ein Ende haben! Allzu oft behaupten diejenigen, die ihren Hass hinausschreien, dass dieser in der heiligen orthodoxen Tradition begründet ist. Wir bitten Sie herzlich, geliebte Lehrer und Wächter unserer Tradition: Lassen Sie nicht zu, dass diese missbraucht wird, um Tod zu bringen und Menschenleben zu zerstören! Lassen Sie Liebe und Zuwendung der Ermahnung vorangehen.

Raum für Dialog

Wir, Ihre orthodoxen LGBT-Kinder, glauben, dass die menschliche Sexualität eine Gabe Gottes und Teil seiner guten Schöpfung ist, obwohl alle menschliche Sexualität auch zum Instrument der Sünde werden kann. Wir möchten daher deutlich sagen, dass wir uns für alle Menschen in der ganzen Vielfalt sexueller Orientierungen und Geschlechtsidentitäten einsetzen, und nicht etwa für den schuldhaften Missbrauch dieser Dimensionen. Wir glauben, dass in der Heiligen Schrift und orthodoxen Tradition viele Beispiele von Trost und Segen für die verschiedenartigen Wirklichkeiten menschlicher Sexualität erzählt werden, die auch den LGBT-Menschen und deren Verwandten gelten. Wir sind uns bewusst, dass eine harmonische Zusammenführung unserer sexuellen und religiösen Identitäten aufgrund unseres Verständnisses der Heiligen Schrift und der orthodoxen Theologie gewagt erscheint – aber wir bitten Sie, uns zuzuhören. Wir bitten Sie dringend, geschützte Dialogräume zu schaffen: Situationen und Orte, wo Menschen mit verschiedenen Ansichten nicht nur ihre Meinung erklären, sondern auch ihre Zweifel und persönlichen Erfahrungen zum Ausdruck bringen können. Wir wünschen uns, dass dieses Gespräch als Dialog geführt werden kann, in dem beide Seiten einander als gleichwertige Partner ernst nehmen, einander aufgrund unserer unterschiedlichen Einsichten und Erfahrungen respektvoll zuhören und auf Fragen der jeweils anderen eingehen.

Wir bitten Sie um das Geschenk ihres Vertrauens. Wir bitten Sie um die Anerkennung, dass unser Aufruf von unserem Glauben und von unserer Sorge um das Wohlergehen der Kirche und ihrer Kinder getragen wird. Wir bitten Sie, mit uns zu sprechen und zu beten.

In Christus,

Mikhail Cherniak
Für die Orthodoxe Arbeitsgruppe des Europäischen Forums
Christlicher LGBT-Gruppen (orthodox.lgbt@gmail.com)

Elaine Sommers und Wielie Elhorst
Co-Präsidenten des Europäischen Forums
Christlicher LGBT-Gruppen
23. Juni 2016

Übersetzung aus dem Englischen: Astrid Quick

Gleichgeschlechtliche Beziehungen

Ansichten eines Pastors

Das Leben bleibt nicht einfach stehen. Von Minute zu Minute verändert es sich. Was vor kurzem noch unmöglich erschien, ist heute Teil unseres Alltags; und was noch nie zuvor gesagt wurde, wird man bald von den Dächern verkünden (Lk 12,3).

Wer weiß, ob nicht bereits schon in zehn Jahren der Ausdruck „konservativer Christ" einen Menschen bezeichnet, der gegen gleichgeschlechtliche Ehen eingestellt ist, und nicht mehr jemanden, der an den gekreuzigten Christus glaubt.

Ein kurzer Blick auf die Massenmedien zeigt, dass die Kirche vor allem im Zusammenhang mit der Bewegung der Homosexuellen erwähnt wird. Ja, im Mittelpunkt dieser Berichte steht meist der Konflikt zwischen der christlichen Lehre und der globalen Ausbreitung gleichgeschlechtlicher Beziehungen. Man hält die Kirche und die Gemeinschaft der Homosexuellen für Gegner. Es lohnt sich jedoch, über einige Aspekte nachzudenken, die eine andere Perspektive auf dieses Thema ermöglichen. Eine Betrachtung mehrerer Fallstudien kann unsere Wahrnehmung ein wenig verändern.

In Europa gibt es eine weit verbreitete Annahme, dass die russische Gesetzgebung bei stillschweigender Zustimmung der Russisch-Orthodoxen Kirche insbesondere die Gemeinschaft der Homosexuellen ins Visier genommen hat. Es ist aber eine Tatsache, dass in Russland das Bewerben eines homosexuellen Lebensstils verboten ist, nicht aber die homosexuelle Lebensweise selbst. Wie überall in der Welt gibt es auch in Russland homosexuell lebende Menschen, die sich vor Familie und Freunden als homosexuell bekennen, die Klubs für Homosexuelle besuchen, etc. Einige von ihnen adoptieren sogar Kinder, was in Russland jedoch verboten ist.

Nicht alle Homosexuelle beteiligen sich am Kampf gegen die Kirche, genauso wie nicht alle Mitglieder der Kirche der Meinung sind, dass alle Menschen, die sich zu gleichgeschlechtlichen Beziehungen hingezogen fühlen, durch das „läuternde Feuer der heiligen Inquisition" geschickt werden sollten. Als christlich-orthodoxer Priester meine ich beim Gebrauch des Wortes „Kirche" die Russisch-Orthodoxe Kirche, zu der ich gehöre.

In diesem Artikel bringe ich jedoch meine persönliche Meinung zum Ausdruck und nicht etwa die Position der Russisch-Orthodoxen Kirche, für die allein die Heilige Synode oder der Patriarch von Moskau und ganz Russland sprechen darf.

Allerdings wurde dieser Artikel durch Begegnungen mit meinen Gemeindegliedern beeinflusst, die sich dessen wohl kaum bewusst sind. An einem einzigen Tag sprachen mich einmal vier Damen an, die unabhängig voneinander mit mir in Kontakt getreten und nicht miteinander bekannt waren. Jede von ihnen sagte mir, dass sie sich zu Menschen ihres eigenen Geschlechts hingezogen fühlte, und bat um geistlichen Rat. Aufgrund dieser Erfahrungen dachte ich darüber nach, wie ich ihnen helfen konnte und warum sie gegen ihr Verlangen ankämpfen wollten, obwohl ihnen jede Möglichkeit zu dessen Befriedigung offenstand. Genau wie ihre Eltern waren sie unter der atheistisch geprägten Sowjetherrschaft, also ohne kirchliche Anbindung oder christlichen Einfluss aufgewachsen.

Die Russisch-Orthodoxe Kirche führt weder Segnungen noch Hochzeiten für gleichgeschlechtliche Paare durch und verurteilt homosexuelle Beziehungen als Sünde. In Russland hält dies jedoch homosexuelle Menschen nicht davon ab, zur Kirche zu kommen und sich als orthodoxe Christen zu verstehen, obwohl gemäß der orthodoxen Theologie und Ethik ein Mensch, der die Gebote bricht, sich selbst von der Kirche abschneidet und der Gnade entzieht.

Ich erinnere mich an eine Begegnung mit zwei lesbischen Frauen, die mich um einen Segen für eine künstliche Befruchtung baten, obwohl sie sich der Einwände der Kirche voll bewusst waren. Eine andere lesbische Frau, die durch die Samenspende eines homosexuellen Mannes erfolgreich schwanger geworden war und Zwillinge geboren hatte, wollte ihre langjährige Partnerin als Patentante der Kinder einsetzen. Wie also wollen wir mit diesen Menschen umgehen, die zur Kirche kommen und mit unterschiedlichem Erfolg gegen ihre homosexuellen Wünsche ankämpfen?

In diesem Zusammenhang möchte ich vorschlagen, dass eine Diskussion angestoßen werden sollte, die auf der Grundlage der jahrhundertealten christlich-orthodoxen Tradition der pastoralen Seelsorge aufbaut.

„Es geschieht nichts Neues unter der Sonne" (Koh 1,9). Fast unmittelbar nach der Entstehung der ersten christlichen Gemeinden kamen homosexuell empfindende Menschen hinzu, die für ihre Sünden Buße taten und die Heilige Taufe empfingen.

Der Apostel Paulus drückte sich sehr deutlich aus: „Wisst ihr nicht, dass die Ungerechten das Reich Gottes nicht ererben werden? Täuscht euch nicht! Weder Unzüchtige noch Götzendiener noch Ehebrecher noch Lustknaben noch Knabenschänder, noch Diebe noch Habgierige noch Trunkenbolde noch Lästerer noch Räuber werden das Reich Gottes ererben. Und solche sind einige von euch gewesen. Aber ihr seid reingewaschen, ihr seid geheiligt, ihr seid gerecht geworden durch den Namen des Herrn Jesus Christus und durch den Geist unseres Gottes." (1. Kor 6,9–11).

Der Apostel zählt offen die Sünden der korinthischen Christen auf und nennt sie nach ihren früheren Taten Trunkenbolde, Knabenschänder, Diebe, etc., die sich gereinigt haben, im Namen Gottes geheiligt und gerechtfertigt wurden und so zu authentischen und rechtschaffenen Christen geworden waren.

Auch heute spricht die Kirche weiterhin über das Wunder der Veränderung von Menschen, auf das der Apostel Paulus hinwies.

Menschen mit homosexuellen Neigungen empfinden, dass sie anders sind und denken viel über sich selbst nach, über den Sinn ihres Lebens in dieser Welt. Folglich fühlen sich dann manche besonders zur Religion hingezogen, da sie sich hier Antworten auf diese Fragen erhoffen.

Andererseits halten sich manche homosexuellen Menschen von jeder religiösen Tradition fern, werden aufgrund ihrer sexuellen Orientierung unglücklich und sind zunehmend enttäuscht von den Idealen homosexueller Gemeinschaften.

Auch wenn sich junge Männer und Frauen zu Angehörigen ihres eigenen Geschlechts hingezogen fühlen, können sie dennoch eine Abneigung gegen die Paraden der Homosexuellenbewegung empfinden, wenn sie diese für eine Parodie oder Kommerzialisierung ihrer Wirklichkeit halten. Manche wenden sich auch gegen eine Elternschaft homosexueller Paare, wie etwa die berühmten Designer Domenico Dolce und Stefano Gabbana in 2015. „Du wirst geboren und hast einen Vater und eine Mutter. Oder zumindest sollte es so sein … Das Leben hat einen natürlichen Lauf, es gibt Dinge, die nicht geändert werden sollten. Und eines davon ist die Familie. … Wir sind gegen die Adoption von Kindern durch Homosexuelle. Die traditionelle Familie ist die einzig wahre Familie." So sagten sie in einem Interview der italienischen Zeitschrift Panorama – und wurden von liberaleren Mitgliedern der homosexuellen Gemeinschaft ausgegrenzt.

Dies ist ein weiterer Beweis, dass die Gemeinschaft der Homosexuellen nicht homogen ist. Ihre Mitglieder haben verschiedene Ansichten über den Glauben, die Ehe, über Politik und die Liebe. Und diese Ansichten müssen berücksichtigt werden, insbesondere wenn sie nicht gegen das Gesetz verstoßen.

„Liebe Gott und tue, was du willst." – Diese Worte Augustins werden häufig von christlichen Befürwortern homosexueller Beziehungen zitiert. Jedoch übersehen sie oft, dass Jesus Christus selbst sagte: „Liebt ihr mich, so werdet ihr meine Gebote halten" (Joh 14,15). Und tatsächlich sind die Konsequenzen des Übertretens moralischer Gebote so real wie jene, die sich aus Verzerrungen der Glaubensdoktrin ergeben.

Wir müssen bei der Interpretation der „Regenbogen"-Mottos sehr vorsichtig sein. Die verlockende Behauptung, dass Homosexualität eine Gabe Gottes ist, die sich in einem „homosexuellen" Gen verbirgt, verliert ihre Anziehungskraft, wenn wir die Entstehung der Anziehung zum gleichen Geschlecht in den Blick nehmen.

Ich erinnere mich an ein Gespräch mit einem Schuljungen, einem Hockeyspieler, der mir sagte, ihm habe sich eines Abends ein Freund seines Vaters genähert. Dieser Freund war so betrunken, dass er ihn mit einer Frau verwechselte. Nach diesem Vorfall entwickelte dieser junge Mann homosexuelles Verlangen.

Ein anderer dreizehnjähriger Junge, der sich zuvor nur zu Gleichaltrigen hingezogen gefühlt hatte, kam durch soziale Netzwerke in Kontakt mit einem Achtzehnjährigen und wurde zu einem Tee eingeladen, um das Gespräch fortzuführen. Der ältere Jugendliche vergewaltigte den ahnungslosen Jungen. Bezüglich solcher Verbrechen schrieb Marcus Minucius Felix, einer der ersten christlichen Apologeten: „O Verruchtheit! Sie begehen an sich Frevel, die das zartere Alter nicht ertragen, zu denen das abgehärtetere Sklavenvolk nicht gezwungen werden kann."

Die erste, vielleicht sogar unfreiwillige sexuelle Erfahrung hat einen starken Einfluss auf die weitere sexuelle Orientierung. Wenn diese also mit einem Partner gleichen Geschlechts geschah, dann ist es sehr wahrscheinlich, dass diese Form der Sexualität auch in Zukunft dominant bleibt. Ein erwachsener Mann bekannte mir einmal, dass er sich im Alter von 11 Jahren mit seinem gleichaltrigen Freund auf eine sexuelle Beziehung einließ – aus reiner Neugierde.

In all den genannten Fällen wurden die Jugendlichen unbedacht in etwas hineingezogen, über das sie nichts wussten und auf das sie nicht vorbereitet waren.

Ein spontaner Vorschlag, etwas zu tun oder zu zeigen kann unvorhergesehene Konsequenzen haben.

Mehrere Klassenkameradinnen einer meiner jüngeren Gemeindemitglieder wollten ein homosexuelles Mädchen zur Freundin haben und machten sich auf die Suche nach einem solchen Mädchen. Heute finden

Mädchen eine solche Freundschaft besonders interessant, und so machten die jungen Damen meinem zwölfjährigen Gemeindeglied ein entsprechend verlockendes Angebot ... Nun ist die Frage, wie die Eltern oder der Priester unter solchen Umständen reagieren sollten? Das zwölfjährige Mädchen wird es wahrscheinlich nur für einen Spaß halten – aber wird es nichts mehr als ein Spaß bleiben?

In Bezug auf den Umgang mit Jugendlichen ermahnte der hl. Hieronymus eine Mutter, vorsichtig mit einer Seele umzugehen, die ein Tempel des Herrn werden soll. „Auch solltest du den Gedanken verwerfen, dass es gut für einen Jugendlichen ist, sich in frühem Alter durch Lernen etwas anzueignen, das auch später auf ganz natürliche Weise herausgefunden werden kann. Ich halte es für wesentlich ungefährlicher, solche Dinge, die unter Umständen zu weiteren Entdeckungen führen, nicht früh zu erforschen."

Die kindliche Sexualität muss sich im Rahmen der Keuschheit verwirklichen und entwickeln; nur so kann die Integrität der kindlichen Persönlichkeit und können Kinder vor Erwachsenen bewahrt werden, die sie ausbeuten wollen. „Alle Probleme erwachsen aus unserer Kindheit", wie man sagt. Dies ist eine Grundeinsicht der allgemeinen Psychologie und schwerlich zu widerlegen.

Ist es wirklich richtig, wenn homosexuelle Prediger den Christen erklären, dass Teenager vor allem deshalb nicht wieder auf die natürliche Sexualität gewiesen werden sollten, weil sie bereits ihre sexuelle Orientierung gewählt hätten? In welchem Alter wird ein Teenager zu einer endgültigen Entscheidung über seine Persönlichkeit – als homo- oder heterosexueller Mensch – gekommen sein? Bis zu welchem Alter sollten Eltern oder Priester kindliche Triebe korrigieren, ohne dadurch die Entscheidungsfreiheit des Kindes zu beeinträchtigen, wie es liberale Psychologen vielleicht formulieren würden?

Meine kurze Darstellung einiger wahrer Begebenheiten aus dem Leben unserer jungen Leute sollten nicht etwa die Phantasie des Lesers anregen, sondern zeigen, dass Homosexualität das Ergebnis von äußeren Einflüssen sein kann und nicht angeboren sein muss. Homosexuelle Neigungen können sich durch den Einfluss einer prägenden Gemeinschaft, durch die Werbung in den Medien und durch Unfähigkeit beim Aufbau gesunder Beziehungen mit dem anderen Geschlecht entwickeln.

Ein orthodoxer Priester darf die Problematik nicht mit Allgemeinplätzen, ausweichenden Antworten und vagen Formulierungen abhandeln. Die Menschen wenden sich mit sehr spezifischen Problemen und Wünschen an ihn. Ein Mann, der zur Predigt des Evangeliums (der Gnade) berufen ist, sollte ohne Angst vor Spott eine angemessene christliche Antwort anbieten können.

Priester stehen heute vor Herausforderungen, die keiner der hl. Väter des vierten, siebten oder elften Jahrhunderts beschrieben hat. Sie hätten sich nicht vorstellen können, dass ein christliches Mädchen sich auf eine Beziehung mit einem transsexuellen Menschen einlassen würde, der ihr mit Selbstmord droht, wenn sie die Beziehung beendet.

Darum sollten Runde Tische oder Arbeitsgruppen hinter verschlossenen Türen stattfinden, da dann ausschließlich Pastoren mit dem größten Erfahrungsschatz, die bereits viele Jahre im christlichen Dienst stehen, an der Diskussion über die Genderproblematik teilnehmen.

Dies soll nicht etwa heißen, dass dieses Thema nicht auch von Laien, den Medien und sozialen Organisationen diskutiert werden kann. Jedoch sollte ein Teil der Diskussion unter Ausschluss der Öffentlichkeit geschehen, wie ja auch Ärzte sich ohne die Beteiligung des jeweiligen Patienten beraten – um zu verhindern, dass emotional betroffene Verwandte oder Freunde des Kranken sich in den Behandlungsverlauf einmischen.

Homosexualität ist keine körperliche Krankheit. Es wird also kaum nötig sein, christlich-orthodoxe Rehabilitationszentren für sexuelle Minderheiten einzurichten, wie es in einigen evangelikalen Gemeinden geschieht. Diese Menschen sollten nicht zusammengebracht werden; es wäre besser, wenn sie zu unterschiedlichen Zeiten zur Beichte und zur Seelsorge kämen. Sie können nämlich andere Menschen, die sich ebenso zum eigenen Geschlecht hingezogen fühlen, sehr leicht erkennen, so als trügen sie das Kainsmal (Gen 4,15).

Der hl. Nikon von Optina schrieb: „Die Sünde hinterlässt ihre Spuren nicht nur in der Seele eines Menschen, sondern auch in seinem Äußeren und in seinem Verhalten."

In der Bibel gibt es eine noch kraftvollere Formulierung: „Ihr Gesichtsausdruck zeugt gegen sie; ihrer Sünde rühmen sie sich wie die Leute in Sodom und verbergen sie nicht. Wehe ihnen! Denn damit bringen sie sich selbst ins Unglück" (Jes 3,9).

Die Sünde zeigt sich in der Erscheinung des Sünders, egal wie sehr er sich bemüht, sie zu verbergen. Eine sündige Person, die sich noch nicht von ihren schlechten Angewohnheiten gelöst hat, wird leicht als solche erkannt. „Man sieht's einem an, was für ein Mann er ist, und einen Vernünftigen erkennt man, wenn man ihm ins Gesicht sieht. Denn an Kleidung, Lachen und Gang erkennt man den Mann" (Sir 19,26–27).

Ich erinnere mich an einen älteren homosexuellen Mann, der mehrmals zu unserem Kloster kam. Er war nicht mehr ein sogenannter praktizierender Homosexueller, aber er versuchte, jedem der Priester im Konvent von seiner Vergangenheit zu erzählen. Er sprach auf eine Weise, dass man ihn mit einer Frau mittleren Alters verwechseln konnte, weniger aufgrund des Klangs seiner Stimme als vielmehr aufgrund dessen, was er zum Ausdruck brachte: eine sehr feminine Denkweise. Des übrigen erregten sein Benehmen und seine starke Abneigung gegen Frauen, die er sogar in der Kirche zeigte, allgemeines Missfallen. Schließlich kam er nicht mehr zur Beichte und dann auch nicht mehr zu den Gottesdiensten. Dies ist ein weiteres Beispiel dafür, wie sehr Sünde und schlechte Angewohnheiten im Verhalten und Denken eines Menschen verwurzelt sein können.

Noch ein weiterer Punkt sollte angesprochen werden: die christlich-orthodoxe Tradition schätzt die breite öffentliche Diskussion über die Unzucht nicht, geschweige denn eine detaillierte Darstellung der Unzucht.

Der Weg zur Hölle ist oft mit guten Vorsätzen gepflastert, so sagt man. Daher können durch das Nachdenken über die Leidenschaft Menschen verführt und kann eine Saat verbotener Wünsche gesät werden, die plötzlich aufkeimen könnte, obwohl der Betroffene selbst gar nicht damit rechnet.

„Von Unzucht aber und jeder Art Unreinheit oder Habsucht soll bei euch nicht einmal die Rede sein, wie es sich für die Heiligen gehört," schrieb der Apostel Paulus in seinem Brief an die Epheser (Eph 5,3) und verbat damit sogar den Gebrauch der Worte für solch unsittliches Handeln.

Jedoch ist ebenso klar, dass der Hass gegen Sünder für die Christen zur Zeit des Neuen Testaments nicht natürlich war. Ihre Haltung gegenüber den Menschen, die Gottes Gebote missachteten, konnte in dem alten Sprichwort zusammengefasst werden: „Liebe den Sünder und hasse die Sünde." Ein Christ konnte einen Menschen aufnehmen, der sein Handeln nicht zu verbergen suchte. Wenn aber der Gast seine sündhaften Ideen in dem christlichen Haus verbreitete, wo er Aufnahme gefunden hatte, dann sollte der Gastgeber seine eigene Meinung kundtun und ihm zeigen, inwiefern diese Ansichten falsch waren. Johannes Chrysostomos schrieb jedoch, dass Christen einen Menschen nicht gegen seinen freien Willen zurechtweisen sollten. Solange die Sünde eines Menschen seine persönliche Angelegenheit ist, prägen seine Ansichten nur die persönliche Ebene; wenn aber eine Sünde als soziale Norm dargestellt wird – dann ist das eine andere Ebene und dem sollte widersprochen werden. Versäumt man dies, dann kann man „Gottes Sache mit seinem Schweigen verraten", wie Gregor von Nazianz formulierte.

Auch wenn es merkwürdig scheint, geht die Absage an einen unmoralischen Lebensstil mit einer starken Abneigung einher. Jeder muss die Sünde freiwillig ablegen; man sollte gegen das eigene Hingezogensein zur Sünde eine starke Abneigung empfinden und den Weg der Selbstverleugnung bis zum Ende gehen, die eigenen Fehler eingestehen, ohne jedoch in Depression oder Kleinmut zu verfallen.

„Die Sünde zu hassen und ihr abzusagen ist eine Voraussetzung für die Buße," sagte Kyrill, der Patriarch von Moskau und ganz Russland. – „Wenn ein Mensch keine solchen Empfindungen in seiner Seele finden kann, dann ist es auch nach der Buße für eine sündhafte Tat wahrscheinlich, dass er wieder der gleichen Sünde verfallen wird, und zwar sogar recht bald. Dies kann immer so weitergehen. Insofern ist die Abneigung gegen die Sünde eine notwendige Vorbedingung für echte Buße, die zu einem veränderten Lebensstil führt. Um in dieser Art von Abneigung gegen die Sünde fest zu bleiben, ist es notwendig sich zu erinnern, dass die Sünde und das Leben in Christus unvereinbar sind, gerade so wie die Sünde nicht mit dem Lebensglück eines Menschen zusammengeht. Gott schuf diese Welt auf eine solche Weise, dass jede Übertretung seines Gesetzes die Welt zerstört und die Persönlichkeit des Menschen zerrüttet, so dass es immer weniger möglich wird, ein Leben in aller Fülle zu führen – oder mit anderen Worten: glücklich zu sein."[1]

Ein Homosexueller, der seinen Lebensstil um seines Glaubens willen verändert, bringt ein großes Opfer. Dies ist eine Tatsache, die wir anerkennen und wertschätzen sollten. Das ganze Umfeld eines Homosexuellen ist durch und durch von der Homosexualität geprägt. Das Geringste seiner Probleme ist darum ein Mangel an Verständnis unter seinen Freunden oder vorsichtiges Abwarten auf Seiten der Gemeindeglieder. Natürlich machen nur wenige Menschen einen solchen Schritt.

Viel häufiger wenden sich Homosexuelle von ihrer Lebensweise ab und kommen zur Kirche, weil sie unter einer ernsten Krankheit oder Einsamkeit leiden. Letzteres ist nicht ungewöhnlich bei Mitgliedern einer sexuellen Minderheit ab einem gewissen Alter, wenn sie nicht mehr jung und attraktiv aussehen, wenn sie ein paar Kilo zugenommen und sich ihre Chancen auf ein glückliches Privatleben verringert haben.

---

[1] Кирилл, Патриарх Московский и всея Руси. Тайна покаяния. Великопостные проповеди; Kirill, Patriarkh Moskovskij i vseja Rusi. Tajna pokajanija. Velikopostnije propovedi (2001–2011). – M.: Издательство Московской Патриархии Русской Православной Церкви, 2012. – C. 121. (M.: Izdatel'stvo Moskovskoj Patriarkhii Russkoj Pravoslavnoj Ščerkvi, 2012, 121.)

Eine Dame, die vom Herrn berufen wurde und sich von ihrem sündhaften Leben abgewandt hatte, sagte mir mit recht deutlichen Worten: „Sie kommen zu dir, weil sie einsam sind und weil sie in ihrem persönlichen Leben gescheitert sind. Hätten sie einen Partner, dann würden sie meiner Meinung nach nicht umkehren." Ob diese Aussage nun wahr ist oder nicht, es sollte den Menschen eine Chance zu einem Neubeginn ohne Rückkehr zum Alten angeboten werden, um folgende vom Apostel Petrus beschriebene Situation zu vermeiden: „Es ist ihnen widerfahren das wahre Sprichwort: Der Hund frisst wieder, was er ausgespien hat; und: Die Sau wälzt sich nach der Schwemme wieder im Kot" (2. Petr 2,22). Sünder brauchen weder eine Theologie der Liebe noch brauchen sie die Theologie der Ablehnung. Sie sollten jedoch die Theologie der Buße gelehrt werden.

Der hl. Augustinus von Hippo sprach von verschiedenen Arten von Sünden.[2] Für einen Menschen, der über einen langen Zeitraum hinweg sündige Handlungen begangen hat, ist die Überwindung der Lust schwieriger als für Menschen, die lediglich von diesem sündigen Handeln geträumt, aber es durch Gottes Gnade nie in der Realität ausgeführt haben. „Wenn andere ein Verbrechen begangen haben, dessen wir uns noch nicht schuldig gemacht haben, dann könnte das nur dadurch bedingt sein, dass uns dazu bisher die Gelegenheit gefehlt hat," mahnte der hl. Ambrosius von Optina. „Vielleicht waren nur die Umstände und das Umfeld anders." Die asketische Tradition der Orthodoxen Kirche empfiehlt den Menschen, nicht ihren ursprünglichen Instinkten und Impulsen zu folgen. Ein Mann soll nicht von seinen Wünschen getrieben sein, sondern er soll sein Verlangen beherrschen. „Wenn du deine Gedanken beherrschst, so herrschst du über alle Dinge", schrieb der hl. Gregor von Nyssa in der Abhandlung „De Opificio Hominis". – „Und Er, der uns Macht über alles Lebendige gab, wird uns die Kraft zur Selbstbeherrschung geben."[3] Sogar der römische Kaiser Marcus Aurelius Antonius, der ein Heide war, sagte: „Diejenigen aber, die nicht die Regungen der eigenen Seele kontrollieren, sind zwangsläufig unglücklich." Man kann

---

[2]   Августин Иппонский, блж. О Символе веры // Альфа и Омега. Avgustin Ipponskij, blz. O Simvole verj/Al'fa i Omega. M., 2002, №3 (33), 48–69.

[3]   Цит. по: Библейские комментарии отцов Церкви и других авторов I–VIII веков. Ветхий Завет. Том I: Книга Бытия 1–11/Пер. с англ., греч., сир. Под ред. Эндрю Лаута в сотрудничестве с Марко Конти/Русское издание под ред. К. К. Гаврилкина. – Тверь: Герменевтика, Cit. po: Biblejskije kommentarii ottsov Ščerkvi i drugikh avtorov I–VIII vekov. Vet-khij Zavet. Tom I: Kniga Bytiya 1–11/Per. s angl., greč., sir. Pod red. Endryu Lauta v sotrudničestve s Marko Konti/Russkoje izdanije pod red. K. K. Gavrilkina . – Tver': Germenevtika 2004, 51.

die eigenen Gefühle des Verliebtseins beherrschen. Man kann lernen, mit Gefühlen wie Zorn, Freude, Traurigkeit, etc. umzugehen. Wenn homosexuelle oder heterosexuelle Lust eingedämmt wird, so lange sie nur ein Gedanke ist, dann wird sie immer schwächer und die betroffene Person gewinnt an moralischer Standfestigkeit.

Viel schwieriger jedoch ist das Ablegen einer unzüchtigen Angewohnheit. Diese Sünde ist damit verbunden, dass das eigene Vergnügen gesucht, emotionale Spannung abgebaut und körperliche Befriedigung erlangt wird. Es ist kaum möglich, gute Argumente zu finden, die nicht religiös begründet sind und mit denen man Menschen ohne kirchliche Zugehörigkeit davon überzeugen könnte, dass Promiskuität schädlich und Geschlechtsverkehr vor der Ehe nicht erlaubt sein soll.

Für einen Priester besteht hier die größte Schwierigkeit in der Frage, wie er einen Sünder in die Kirche hineinlassen kann, ohne zugleich der Sünde Einlass zu gewähren. Es ist nur allzu deutlich, dass die Kirche ein Teil der Gesellschaft ist. In biblischen Kategorien ausgedrückt hängt die Situation der Kirche, die tugendhaft sein und Keuschheit lehren soll, vor allem von dem Verhältnis zwischen den Sündern und den Gerechten in der Welt ab. Es ist durchaus möglich, einen Menschen, der zur Kirche kommt, von einer Sünde abzuziehen, selbst wenn es um Sodomie oder andere geistliche Katastrophen geht, und zwar durch Gebet und einen echten Mangel an Interesse für seine oder ihre sündigen Neigungen.

Wenn man den Kopf nicht in den Sand stecken und die anstehenden Probleme ignorieren möchte, dann kann man heute davon ausgehen, dass wir recht bald viele neue Gemeindeglieder mit weitreichenden Unzuchtserfahrungen und den dazugehörigen moralischen Problemen in unseren Gemeinden sehen werden. Menschen, die zur Kirche kommen, sind nicht bereits heilig, sondern diejenigen, die ihre Fehler als solche erkannt haben und Vergebung suchen. Die Kirche sollte diese Menschen nicht abweisen, sondern ihnen eine Gelegenheit geben, die allmächtige heilende Kraft der Gnade Gottes zu erleben. Dabei sollte die Kirche sehr vorsichtig vorgehen, um nicht etwa einen einzigen „Kleinen" (Mt 18,6) zu verletzen, der zu Christus kommen will.

Evgeny Morozov

(Evgeny Morozov ist russisch-orthodoxer Priester, Mitarbeiter des Moskauer Patriarchats und Promovend an der Theologischen Akademie Moskau.)

Übersetzung aus dem Englischen: Astrid Quick

ÖR 66 (1/2017)

Expertenworkshop „Das Panorthodoxe Konzil von 2016 – Die Orthodoxie in der modernen Kultur, Gesellschaft und Welt"

13./14. Oktober 2016 in Berlin, veranstaltet von der Konrad-Adenauer-Stiftung und Renovabis

Die „Heilige und Große Synode" der Orthodoxen Kirchen, die vom 19. bis 26. Juni 2016 auf Kreta einberufen wurde, wies nicht nur eine jahrzehntelange Vorbereitungszeit auf, sondern beschäftigt auch im Nachgang die Theologie. So fand am 13. und 14. Oktober 2016 ein Expertenworkshop zum Thema „Das Panorthodoxe Konzil von 2016 – Die Orthodoxie in der modernen Kultur, Gesellschaft und Welt" statt. Auf der von der Konrad-Adenauer-Stiftung und Renovabis organisierten Veranstaltung diskutierten 22 Osteuropa- und Orthodoxie-Experten aus Deutschland, Russland, Serbien, Bulgarien, Rumänien und Griechenland über die Bedeutung und die Wirkung des Konzils, aber auch die gegenwärtigen Herausforderungen an die Orthodoxie. Fünf Themenblöcke bildeten die Grundlage der Diskussionen: eine erste Einordnung des Konzils, das Verhältnis des Konzils zur Moderne, innerorthodoxe Spannungsfelder, das Verhältnis der Orthodoxie zu anderen Kirchen sowie der Ausblick auf weitere Entwicklungen und anstehende Aufgaben.

Zu dem Themenfeld „Die ‚Heilige und Große Synode' im Rückblick – eine erste Einordnung" hielt Erzpriester Constantin Miron ein Kurzreferat und Johannes Oeldemann, Direktor am Johann-Adam-Möhler-Institut für Ökumenik in Paderborn, die Replik. Bereits zwischen beiden Referenten kam die Frage auf, inwiefern die Orthodoxie aktuell eine Einheit darstelle bzw. unter welchen Gesichtspunkten nicht. Diese Fragestellung wurde während des gesamten Workshops diskutiert und heterogen beantwortet.

Die zweite thematische Einheit widmete sich unter dem Motto „Zwischen Innovation und Tradition" dem Verhältnis des Konzils zur „modernen Welt". Dazu hielt der Erfurter Religionswissenschaftler Vasilios Makrides das Kurzreferat und Serhiy Bortnyk, Dozent an der Kiewer Theologischen Akademie, reagierte mit einem kurzen Koreferat. Sowohl in den beiden kurzen Vorträgen als auch der anschließenden Diskussion wurde das Problem des komplizierten, teilweise distanzierten Verhältnisses der Orthodoxie und einzelner orthodoxer Kirchen zur „Welt" deutlich. Makrides wies auf die aus

ÖR 66 (1/2017), S. 86–89

seiner Sicht (mitunter zu) enge Beziehung von Orthodoxie und Nationalismus hin, Bortnyk sprach die innerorthodoxen Konflikte auf Grund religiösnationaler Vernetzungen an. In der Diskussion wurde das Themenfeld noch erweitert. So wurde z. B. die monastische Tradition in der Orthodoxie, die eine Distanz zur „Welt" evoziere, thematisiert. Auch die Säkularisierung im Kommunismus und die temporeichen Entwicklungen der letzten Jahrzehnte in den meisten orthodoxen Ländern kamen zur Sprache, die eine Attitüde der Abwehr eines (vermeintlichen) neuen Säkularismus hervorgerufen hätten, die oft in eine Abwehr der „modernen Welt" generell münde. Angesprochen wurde weiterhin, wie problematisch es für Orthodoxe sei, wenn in ökumenischen Debatten die westlichen Gesprächspartner die Rede von der „aggressiven westlichen Säkularisation" und dem „westlichen Werteverfall" bejahend aufnehmen würden.

Der letzte Themenblock des Tages führte das vorangegangene Themenfeld weiter und subsumierte unter dem Titel „Zwischen Universalität und Ethnizität" die vielschichtigen Aspekte „Autonomie, Diaspora, Nationalismus, Beziehungen zwischen Konstantinopel und Moskau". Dazu hielt Vladimir Khoulap, Vizerektor der Petersburger Theologischen Fakultät, das Kurzreferat, auf das der Münchener Systematiker an der Orthodoxen Ausbildungseinrichtung der LMU, Athanasios Vletsis, antwortete. Khoulap stellte historischen Entwicklungen in den Mittelpunkt seiner Ausführungen und resümierte, das orthodoxe Bewusstsein, sei „sehr fragmentiert" und müsse „defragmentiert" werden. Vletsis nahm den Begriff der „Defragmentierung" der Orthodoxie auf und sprach sich für eine „neue Strukturierung [der Orthodoxie] (in) der Christenheit" aus. In der sich an die Beiträge anschließenden Diskussion wurden weitere Facetten der Thematik erörtert. U. a. wurde die Schwierigkeit besprochen, sich trotz divergierender Haltungen im Gespräch auseinanderzusetzen, es wurden die innerorthodoxen Auswirkungen des Treffens von Patriarch Kyrill I. und Papst Franziskus im Februar in Havanna diskutiert und das Paradox dargestellt, dass infolge der globalen Arbeitsmigration große orthodoxe Bevölkerungsteile im westlichen Ausland leben und dadurch westliche Werte mittragen, die wiederum in ihren Heimatkirchen scharf kritisiert werden.

Am folgenden Tag stand zunächst das Problem der orthodoxen „Beziehungen zu anderen christlichen Kirchen und Religionen (Islam)" zur Diskussion. Rade Kisič, Dozent an der Orthodoxen Theologischen Fakultät der Universität Belgrad, hielt dazu das Einführungsreferat. Das Koreferat präsentierte Evgeny Pilipenko, Dozent am Kyrill-und-Method Postgraduierteninstitut des Moskauer Patriarchates und Mitarbeiter des Kirchlich-Wissenschaftlichen Zentrums „Orthodoxe Enzyklopädie" in Moskau. Im Mittelpunkt beider Beiträge stand das Verständnis des Konzils von „anderen Kirchen". Zur Sprache kam in der Diskussion die aus Sicht mancher Teilnehmer defizitäre Informationspolitik hinsichtlich des Konzils seitens orthodoxer Kirchenleitungen gegenüber ihrem Kirchenvolk, aber auch hinsichtlich von Ökumene generell.

Die letzte Einheit des Expertenworkshops war dem Ausblick gewidmet: „Das Konzil als Anfang: Ausblick oder: was zu tun bleibt". Dazu referierten der rumänische Theologe und ehemalige Studiensekretär der KEK, Priester Viorel Ioniţa, sowie die wissenschaftliche Mitarbeiterin der Theologischen Fakultät der Martin-Luther-Universität Halle-Wittenberg Anna Briskina-Müller. In beiden Beiträgen wurde wiederum die Frage der Einheit der Orthodoxie thematisiert und im Zusammenhang damit u.a. das orthodoxe Bemühen um die stärkere Ausbildung von Synodalität angemahnt.

Ein von Anfang an in den Diskussionen immer wieder angeschnittenes Thema war der Fundamentalismus in den orthodoxen Kirchen, seine Bedeutung und seine Wirkung. Die Bewertungen dieses Phänomens fielen verschieden aus: Von der Fragestellung, ob nicht verschiedene Entscheidungen des Konzils, z.B. im Hinblick auf die Ehe, schon fundamentalistisch seien bis zu der Feststellung, aufbrechende fundamentalistische Tendenzen gebe es in allen Konfessionen, sie seien zwar medial lautstark, aber faktisch kaum relevant, gingen die Meinungen auseinander. Einig war man sich an dem Punkt, dass Fundamentalismus auch weiterhin eine Rolle in der Orthodoxie der Gegenwart spielen wird.

Ein zusätzlicher Gewinn der exzellenten Veranstaltung war der Umstand, dass sich unter den Referenten mit Erzpriester Miron und Erzpriester Professor Ioniţa zwei Teilnehmer des Konzils befanden, so dass auch die Eindrücke der Zeitzeugen zur Darstellung kamen und die Analysen in den Diskussionen abrundeten. Die Konrad-Adenauer-Stiftung, in deren Räumlichkeiten in der Berliner Akademie der Konrad-Adenauer-Stiftung die Veranstaltung stattfand, war auf dem Workshop ebenfalls hochrangig durch die Leiterin des Moskauer Büros der Stiftung, Claudia Crawford, vertreten.

Gisa Bauer/Martin Illert

(PD Dr. Gisa Bauer ist Lehrstuhlbeauftragte für Neuere und Neueste Kirchengeschichte an der Universität Leipzig; Oberkirchenrat Prof. Dr. Martin Illert ist Referent für Orthodoxie im Kirchenamt der EKD.)

Die Bibel aus orthodoxer und aus „westlicher" Sicht

Internationale Konferenz von Neutestamentlern in Moskau

Nach einer Woche intensiven fachlichen Austausches endete am 1. Oktober 2016 in Moskau eine internationale Konferenz von Neutestamentlern. In Kontinuität zu früheren Konferenzen in Neamţ in Rumänien (1998), im Rilakloster in Bulgarien (2001), in Sankt Petersburg (2005), Sâmbăta de Sus (2007), Minsk (2010) und Belgrad (2013) diente der Kongress dem Austausch über Themen, Methoden und Ergebnisse der Bibelwissenschaften in Ost und West. Ermöglicht wurde die Konferenz, die vom Eastern European Liaison Committee (EELC) der internationalen Neutestamentlervereinigung unter Leitung der Professoren Karl-Wilhelm Niebuhr (Jena) und Mikhail Seleznev (Moskau) organisiert wurde, durch die Einladung von Metropolit Hilarion, Leiter des Außenamtes der Russischen Orthodoxen Kirche, der auch selbst einen Fachvortrag und ein Seminar hielt. Zu den Teilnehmern gehörte Bischof Tamas Fabiny, Vizepräsident des Lutherischen Weltbundes, der früher als Neutestamentler an der Theologischen Fakultät in Budapest wirkte. Gefördert wurde das Symposium u. a. durch das Diakonische Werk der EKD und die römisch-katholische Stiftung Renovabis.

Die Konferenz fand in unmittelbarer Nähe zum Danilov-Kloster, dem Sitz des Moskauer Patriarchen, statt. Zwei Konferenztage wurden in den Räumlichkeiten der Staatlichen Universität für Geisteswissenschaften und der kirchlichen theologischen Graduiertenschule „Aspirantura/Dokotrantura" abgehalten. Daran konnten auch zahlreiche Theologiestudierende und Dozenten aus Moskau teilnehmen. Für die relativ junge, vom Metropoliten geförderte biblische Wissenschaft in Moskau waren die Präsenz international bekannter Neutestamentler und ihr Austausch mit russischen Kollegen und Studierenden besonders wichtig und fruchtbar. Die z. T. öffentlichen Vorträge und Workshops mit Bibelwissenschaftlern aus unterschiedlichen Herkunftsländern und Konfessionen waren dem Thema „Theologie und Geschichte in den Evangelien-Erzählungen" gewidmet. Besonders in den Diskussionen wurden unterschiedliche regional und konfessionell geprägte Zugänge zum Neuen Testament und besonders zu den Texten der Evangelien deutlich. Obwohl Bibelwissenschaftler verschiedener

Konfessionen mittlerweile eine Vielzahl von Methoden facettenreich nutzen, zog sich die Frage nach der Vereinbarkeit einer an den Kirchenvätern orientierten (östlichen) mit einer kritisch und historisch fragenden Textauslegung (westlichen) wie ein roter Faden durch die Konferenz.

Gerahmt wurde der fachliche Austausch durch den Besuch russisch-orthodoxer Gottesdienste unter Leitung des Metropoliten und durch Andachten nach dem Ritus der verschiedenen Konfessionen, die von allen Konferenzteilnehmern besucht werden konnten. Höhepunkte waren die Liturgie zum Fest des Heiligen Kreuzes am 29. September und der Besuch der Tretjakov Galerie. Die Hauptvorträge und ausgewählte Beiträge aus den Workshops werden in einem Tagungsband im Verlag Mohr Siebeck (Tübingen) publiziert.

Eva-Maria Isber

(Eva-Maria Isber ist Wissenschaftliche Mitarbeiterin am Lehrstuhl für Evangelische Theologie mit Schwerpunkt Biblische Theologie an der Universität Augsburg.)

GEMEINSAME ERKLÄRUNG

anlässlich des Gemeinsamen katholisch-lutherischen
Reformationsgedenkens
Lund, 31. Oktober 2016

„Bleibt in mir, dann bleibe ich in euch. Wie die Rebe aus sich keine
Frucht bringen kann, sondern nur, wenn sie am Weinstock bleibt, so könnt
auch ihr keine Frucht bringen, wenn ihr nicht in mir bleibt" (Joh 15,4).

Mit dankbaren Herzen

Mit dieser Gemeinsamen Erklärung bringen wir Gott unsere frohe
Dankbarkeit für diesen Augenblick des gemeinsamen Gebets in der Kathedrale von Lund zum Ausdruck und beginnen damit das Gedenken an 500
Jahre Reformation. 50 Jahre ununterbrochener und fruchtbarer ökumenischer Dialog zwischen Katholiken und Lutheranern haben uns geholfen,
viele Unterschiede zu überwinden, und haben unser gegenseitiges Verständnis und Vertrauen vertieft. Gleichzeitig sind wir einander durch gemeinsame Dienste an unseren Mitmenschen, oft in Situationen von Leid
und Verfolgung, nähergekommen. Durch Dialog und gemeinsames Zeugnis
sind wir nicht länger Fremde. Vielmehr haben wir gelernt, dass das uns
Verbindende größer ist als das Trennende.

Vom Konflikt zur Gemeinschaft

Während wir eine tiefe Dankbarkeit empfinden für die geistlichen und
theologischen Gaben, die wir durch die Reformation empfangen haben, bekennen und beklagen wir vor Christus zugleich, dass Lutheraner und Katholiken die sichtbare Einheit der Kirche verwundet haben. Theologische
Unterschiede wurden von Vorurteilen und Konflikten begleitet und Religion wurde für politische Ziele instrumentalisiert. Unser gemeinsamer
Glaube an Jesus Christus und unsere Taufe verlangen von uns eine tägliche
Umkehr, durch die wir die historischen Meinungsverschiedenheiten und
Konflikte, die den Dienst der Versöhnung behindern, ablegen. Während
die Vergangenheit nicht verändert werden kann, kann das, woran man sich

erinnert und wie man sich erinnert, verwandelt werden. Wir beten um die Heilung unserer Wunden und Erinnerungen, die den Blick aufeinander verdunkeln. Nachdrücklich lehnen wir allen vergangenen und gegenwärtigen Hass und alle Gewalt ab, besonders jene im Namen der Religion. Wir hören heute Gottes Gebot, jeden Konflikt beizulegen. Wir erkennen, dass wir durch Gnade befreit sind, uns zur Gemeinschaft hin zu begeben, zu der Gott uns beständig ruft.

Unsere Verpflichtung zum gemeinsamen Zeugnis

Da wir diese Begebenheiten der Geschichte, die uns belasten, hinter uns lassen, verpflichten wir uns, gemeinsam Gottes barmherzige Gnade zu bezeugen, die im gekreuzigten und auferstandenen Christus sichtbar geworden ist. Im Bewusstsein, dass die Art und Weise, wie wir miteinander in Beziehung treten, unser Zeugnis für das Evangelium prägt, verpflichten wir uns selbst, in der Gemeinschaft, die in der Taufe wurzelt, weiter zu wachsen, indem wir uns bemühen, die verbleibenden Hindernisse zu beseitigen, die uns davon abhalten, die volle Einheit zu erlangen. Christus will, dass wir eins sind, damit die Welt glaubt (vgl. Joh 17,21).

Viele Mitglieder unserer Gemeinschaften sehnen sich danach, die Eucharistie in einem Mahl zu empfangen als konkreten Ausdruck der vollen Einheit. Wir erfahren den Schmerz all derer, die ihr ganzes Leben teilen, aber Gottes erlösende Gegenwart im eucharistischen Mahl nicht teilen können. Wir erkennen unsere gemeinsame pastorale Verantwortung, dem geistlichen Hunger und Durst unserer Menschen, eins zu sein in Christus, zu begegnen. Wir sehnen uns danach, dass diese Wunde im Leib Christi geheilt wird. Dies ist das Ziel unserer ökumenischen Bemühungen. Wir wünschen, dass sie voranschreiten, auch indem wir unseren Einsatz im theologischen Dialog erneuern.

Wir beten zu Gott, dass Katholiken und Lutheraner fähig sein werden, gemeinsam das Evangelium Jesu Christi zu bezeugen, indem sie die Menschheit einladen, die gute Nachricht von Gottes Heilshandeln zu hören und zu empfangen. Wir bitten Gott um Eingebung, Ermutigung und Kraft, damit wir zusammenstehen können im Dienst und so für die Würde und die Rechte des Menschen, besonders der Armen, eintreten, für die Gerechtigkeit arbeiten und alle Formen von Gewalt zurückweisen. Gott fordert uns auf, all denen nahe zu sein, die sich nach Würde, Gerechtigkeit, Frieden und Versöhnung sehnen. In besonderer Weise erheben wir heute unsere Stimme für ein Ende der Gewalt und des Extremismus, die so viele Länder und Gemeinschaften sowie unzählige Schwestern und Brüder in Christus betreffen. Wir bitten dringend, dass Lutheraner und Katholiken zusammenarbeiten, um den Fremden aufzunehmen, denen zu Hilfe zu kommen, die wegen Krieg und Verfolgung gezwungen waren zu fliehen, und die Rechte der Flüchtlinge und der Asylsuchenden zu verteidigen.

Mehr als je zuvor stellen wir fest, dass unser gemeinsamer Dienst in dieser Welt sich auf Gottes Schöpfung erstrecken muss, die durch Ausbeutung und die Auswirkungen einer unersättlichen Gier in Mitleidenschaft gezogen wird. Wir anerkennen das Recht der zukünftigen Generationen, sich an Gottes Erde in all ihrem Reichtum und all ihrer Schönheit zu erfreuen. Wir bitten um einen Wandel der Herzen und der Sinne, der uns zu einer liebevollen und verantwortlichen Art und Weise der Sorge für die Schöpfung führt.

Eins in Christus

Bei diesem glücklichen Anlass bekunden wir unsere Dankbarkeit gegenüber den Brüdern und Schwestern, die die verschiedenen christlichen Weltgemeinschaften und -vereinigungen vertreten, die anwesend sind und sich im Gebet mit uns verbinden. Wenn wir uns wieder verpflichten, uns vom Konflikt zur Gemeinschaft zu bewegen, tun wir das als Teil des einen Leibes Christi, in den wir alle durch die Taufe eingegliedert worden sind. Wir fordern unsere ökumenischen Partner auf, uns an unsere Verpflichtungen zu erinnern und uns zu ermutigen. Wir bitten sie, weiter für uns zu beten, mit uns zu gehen und uns dabei zu unterstützen, unser durchbetetes Engagement, das wir täglich zu erkennen geben, lebendig werden zu lassen.

Aufruf an Katholiken und Lutheraner weltweit

Wir wenden uns an alle lutherischen und katholischen Gemeinden und Gemeinschaften, unerschrocken und schöpferisch, freudig und hoffnungsvoll bezüglich ihres Vorsatzes zu sein, die große Reise, die vor uns liegt, fortzusetzen. Mehr als die Konflikte der Vergangenheit wird Gottes Gabe der Einheit unter uns die Zusammenarbeit leiten und unsere Solidarität vertiefen. Indem wir uns im Glauben an Christus näher kommen, indem wir miteinander beten, indem wir aufeinander hören und Christi Liebe in unseren Beziehungen leben, öffnen wir uns, Katholiken und Lutheraner, der Macht des Dreieinen Gottes. In Christus verwurzelt und ihn bezeugend erneuen wir unsere Entscheidung, treue Boten von Gottes grenzenloser Liebe für die ganze Menschheit zu sein.

(offizielle deutsche Übersetzung)
(radio vatikan)

Predigt anlässlich des gemeinsamen ökumenischen Gebetes in der Lutherischen Kathedrale von Lund am 31. Oktober 2016

„Bleibt in mir, dann bleibe ich in euch" (Joh 15,4). Diese Worte, die Jesus im Rahmen des letzten Abendmahls gesprochen hat, geben uns die Möglichkeit, uns an Christi Herz zu schmiegen kurz vor seiner endgültigen Hingabe am Kreuz. Wir können hören, wie sein Herz in Liebe zu uns pocht, und seinen sehnlichen Wunsch spüren, dass alle, die an ihn glauben, eins seien. Er sagt uns, dass er der wahre Weinstock ist und wir die Reben und dass wir, wenn wir Frucht bringen wollen, genauso mit ihm vereint sein müssen, wie er mit dem Vater vereint ist.

Bei diesem Gebetstreffen hier in Lund wollen wir unseren gemeinsamen Wunsch zum Ausdruck bringen, mit ihm vereint zu bleiben, um das Leben zu haben. Wir bitten ihn: „Herr, hilf uns mit deiner Gnade, damit wir enger mit dir verbunden sind, um gemeinsam Glaube, Hoffnung und Liebe wirkungsvoller zu bezeugen." Es ist auch ein Moment, Gott zu danken für die Anstrengungen vieler unserer Brüder und Schwestern verschiedener kirchlicher Gemeinschaften, die sich mit der Spaltung nicht abgefunden, sondern die Hoffnung auf die Versöhnung aller, die an den einen Herrn glauben, lebendig erhalten haben.

Wir Katholiken und Lutheraner haben begonnen, auf dem Weg der Versöhnung voranzugehen. Jetzt haben wir im Rahmen des gemeinsamen Gedenkens der Reformation von 1517 eine neue Chance, einen gemeinsamen Weg aufzunehmen, der sich in den letzten 50 Jahren im ökumenischen Dialog zwischen dem Lutherischen Weltbund und der Katholischen Kirche gebildet hat. Wir dürfen uns nicht mit der Spaltung und der Entfremdung abfinden, die durch die Teilung unter uns hervorgerufen wurden. Wir haben die Gelegenheit, einen entscheidenden Moment unserer Geschichte wiedergutzumachen, indem wir Kontroversen und Missverständnisse überwinden, die oft verhindert haben, dass wir einander verstehen konnten. Jesus sagt uns, dass der Vater der Winzer ist (vgl. Joh 14,1), der den Weinstock pflegt und beschneidet, damit er mehr Frucht bringt (vgl. V. 2). Der Vater ist ständig um unsere Beziehung zu Jesus besorgt, um zu sehen, ob wir wirklich mit ihm eng verbunden sind (vgl. V. 4). Er schaut auf uns, und sein liebevoller Blick ermutigt uns, unsere Vergangenheit aufzuarbeiten und in der Gegenwart dafür zu arbeiten, dass jene Zukunft der Einheit, die er so ersehnt, Wirklichkeit wird.

Auch wir müssen liebevoll und ehrlich unsere Vergangenheit betrachten, Fehler eingestehen und um Vergebung bitten. Allein Gott ist der Richter. Mit der gleichen Ehrlichkeit und Liebe muss man zugeben, dass unsere Spaltung von dem ursprünglichen Empfinden des Gottesvolkes, das sich von Natur aus nach Einheit sehnt, weggeführt hat und in der Geschichte mehr durch Vertreter weltlicher Macht aufrecht erhalten wurde, als durch den Willen des gläubigen Volkes, das immer und überall der sicheren und liebevoll-sanften Führung durch seinen Guten Hirten bedarf. Allerdings gab es auf beiden Seiten den ehrlichen Willen, den wahren Glauben zu bekennen und zu verteidigen, doch wir sind uns auch bewusst, dass wir uns in uns selbst verschanzt haben aus Furcht oder Vorurteilen gegenüber dem Glauben, den die anderen mit einer anderen Akzentuierung und in einer anderen Sprache bekennen. Papst Johannes Paul II. sagte: Es „kann uns nicht die Absicht leiten, uns zu Richtern der Geschichte aufzuwerfen, sondern das Ziel darf einzig sein, besser zu erkennen und damit wahrheitsfähiger zu werden" (Botschaft an Kardinal Johannes Willebrands, Präsident des Sekretariats für die Einheit der Christen, 31. Oktober 1983). Gott ist der Eigentümer des Weinbergs und er pflegt und schützt ihn mit unermesslicher Liebe. Lassen wir uns durch den Blick Gottes innerlich anrühren – das Einzige, was er sich wünscht, ist, dass wir als lebendige Weinreben mit seinem Sohn Jesus verbunden bleiben. Mit dieser neuen Sicht der Vergangenheit beanspruchen wir nicht, eine undurchführbare Korrektur dessen zu verwirklichen, was geschehen ist, sondern wir beabsichtigen „diese Geschichte anders zu erzählen" (Lutherisch/Römisch-katholische Kommission für die Einheit, Vom Konflikt zur Gemeinschaft, 16 [Leipzig/Paderborn, 2013]).

Jesus erinnert uns: „Getrennt von mir könnt ihr nichts vollbringen" (Joh 15,5). Er ist es, der uns unterstützt und uns ermutigt, die Wege zu suchen, damit die Einheit eine immer sichtbarere Wirklichkeit wird. Zweifellos ist die Trennung eine ungeheure Quelle von Leiden und Missverständnissen gewesen, doch sie hat uns auch zu der ehrlichen Einsicht geführt, dass wir getrennt von ihm nichts vollbringen können, und uns zugleich die Möglichkeit gegeben, einige Aspekte unseres Glaubens besser zu verstehen. Dankbar erkennen wir an, dass die Reformation dazu beigetragen hat, die Heilige Schrift mehr ins Zentrum des Lebens der Kirche zu stellen. Durch das gemeinsame Hören auf das Wort Gottes in der Schrift hat der Dialog zwischen der Katholischen Kirche und dem Lutherischen Weltbund, dessen fünfzigjähriges Bestehen wir feiern, wichtige Schritte zurückgelegt. Bitten wir den

Herrn, dass sein Wort uns zusammenhalte, denn es ist ein Quell von Nahrung und Leben; ohne seine Inspiration können wir nichts vollbringen.

Die geistliche Erfahrung Martin Luthers hinterfragt uns und erinnert uns daran, dass wir ohne Gott nichts vollbringen können. „Wie bekomme ich einen gnädigen Gott?" – das ist die Frage, die Luther ständig umtrieb. Tatsächlich ist die Frage nach der rechten Gottesbeziehung die entscheidende Frage des Lebens. Bekanntlich begegnete Luther diesem barmherzigen Gott in der Frohen Botschaft vom menschgewordenen, gestorbenen und auferstandenen Jesus Christus. Mit dem Grundsatz „Allein aus Gnade" werden wir daran erinnert, dass Gott immer die Initiative ergreift und jeder menschlichen Antwort zuvorkommt, und zugleich, dass er versucht, diese Antwort auszulösen. Daher bringt die Rechtfertigungslehre das Wesen des menschlichen Daseins vor Gott zum Ausdruck.

Jesus tritt als Mittler für uns beim Vater ein und bittet ihn um die Einheit seiner Jünger, „damit die Welt glaubt" (Joh 17,21). Das ist es, was uns Kraft gibt und uns bewegt, uns Jesus anzuschließen, um den Vater nachdrücklich zu bitten: „Gewähre uns das Geschenk der Einheit, damit die Welt an die Macht deiner Barmherzigkeit glaubt." Das ist das Zeugnis, das die Welt von uns erwartet. Wir werden als Christen in dem Maße ein glaubwürdiges Zeugnis der Barmherzigkeit sein, in dem Vergebung, Erneuerung und Versöhnung unter uns eine tägliche Erfahrung ist. Gemeinsam können wir auf konkrete Weise und voll Freude die Barmherzigkeit Gottes verkünden und offenbaren, indem wir die Würde eines jeden Menschen verteidigen und ihr dienen. Ohne diesen Dienst an der Welt und in der Welt ist der christliche Glaube unvollständig.

Als Lutheraner und Katholiken beten wir gemeinsam in dieser Kathedrale und sind uns bewusst, dass wir getrennt von Gott nichts vollbringen können. Wir erbitten seine Hilfe, damit wir lebendige, mit ihm verbundene Glieder sind, immer seiner Gnade bedürftig, um gemeinsam sein Wort in die Welt zu tragen – in diese Welt, die seiner zärtlichen Liebe und seiner Barmherzigkeit so sehr bedarf.

Papst Franziskus

(Papst Franziskus ist seit dem 13. März 2013 der 266. Bischof von Rom, Oberhaupt der römisch-katholischen Kirche und Souverän des Vatikanstaats).

(offizielle deutsche Übersetzung: radio vatikan)

Predigt anlässlich des Gemeinsamen katholisch-lutherischen Reformationsgedenkens

Dom zu Lund (Schweden), 31. Oktober 2016

Liebe Schwestern und Brüder in Christus,

seit Jahrhunderten lesen wir, Generation für Generation, diesen Evangelientext (*Ich bin der Weinstock, ihr seid die Reben. Wer in mir bleibt und ich in ihm, der bringt viel Frucht; denn ohne mich könnt ihr nichts tun"*, Joh 15,5), der uns Jesus als den wahren Weinstock vorstellt. Aber anstatt den Text als Ermutigung zur Einheit zu lesen, haben wir uns auf die Reben konzentriert, die vom Weinstock weggenommen werden, weil sie keine Frucht bringen. So haben wir einander wahrgenommen: als Reben, die von Christus, dem wahren Weinstock, getrennt sind.

Schon in jenen Zeiten aber, als ein gemeinsames Reformationsgedenken wie das heutige noch unvorstellbar war, gab es Frauen und Männer, die zusammenkamen, um für die Einheit zu beten oder ökumenische Gemeinschaften zu gründen. Theologen und Theologinnen nahmen bereits damals den Dialog auf in dem Bestreben, Unterschiede in Lehre und Theologie zu überwinden. Viele stellten sich gemeinsam in den Dienst für Arme und Unterdrückte. Ja, manche erlitten gar um des Evangeliums willen das Martyrium.

Für diese mutigen Prophetinnen und Propheten bin ich zutiefst dankbar. Ihr Miteinander im Leben und im Zeugnis lehrte sie, sich gegenseitig nicht mehr als voneinander getrennte Reben wahrzunehmen, sondern vielmehr als Reben die im Weinstock Christus vereint sind. Ja, mehr noch: sie begannen Christus in ihrer Mitte wahrzunehmen und sich dessen bewusst zu werden, dass er sogar in jenen Phasen der Geschichte weiter zu uns sprach, als der Dialog zwischen uns unterbrochen war. Jesus hat uns keinen Moment lang vergessen, selbst als wir ihn anscheinend vergessen hatten und uns verloren in Gewalt und in Taten, die von Hass bestimmt waren.

Indem wir also Jesus unter uns wahrnehmen, beginnen wir auch, einander in einem neuen Licht zu betrachten. Uns wird bewusst, dass uns viel mehr eint, als uns trennt. Wir sind Reben an demselben Weinstock. Wir sind eins in der Taufe. Darum feiern wir dieses *Gemeinsame Reformationsgedenken:* um neu zu entdecken, wer wir in Christus eigentlich sind.

Die Offenbarung dieser Einheit in Jesus Christus steht jedoch in krassem Gegensatz zur Wirklichkeit der Zersplitterung, die die Kirche, den Leib Christi, prägt. Die Vision von einer in Jesus Christus begründeten Gemeinschaft, mit all ihrer Schönheit und der Hoffnung, die sie in uns weckt, bedeutet auch, dass wir noch schmerzlicher leiden an den Wunden unserer Gebrochenheit. Was niemals hätte zerbrochen werden dürfen, wurde zerbrochen: die Einheit des Leibes Christi. Wir haben verloren, was uns geschenkt ist.

Wie können wir also heute genauso mutig und hoffnungsvoll vorangehen, wie es diejenigen taten, die diesen ökumenischen Pilgerweg zur Einheit vor uns beschritten haben? Wie richten wir unsere Schritte auf eine Zukunft in Gemeinschaft aus, in die Gott uns ruft? Wie können wir heil werden, damit wir endlich das werden, was wir in Christus bereits sind: Reben an einem Weinstock?

Von dem lateinamerikanischen Denker Eduardo Galeano stammt das Wort:

„Die Geschichte ist eine Prophetin mit rückwärtsgewandtem Blick; aus dem, was war, und gegen das, was war, kündet sie das Kommende."

Ich schlage vor, dass wir ab heute diesen Schlüssel anwenden, wenn wir das Gleichnis vom wahren Weinstock lesen. Möge sie für uns die hoffnungsvolle und prophetische Ankündigung der festen Verbindung zwischen dem Weinstock und seinen Reben sein, die Früchte der Heilung und des Lebens in Fülle tragen. Möge dies der Geist sein, in dem wir an diesen historischen Moment herangehen, wo wir uns als katholische und lutherische Christinnen und Christen verpflichten, uns abzuwenden von einer von Konflikt und Spaltung überschatteten Vergangenheit um den Weg der Gemeinschaft zu gehen.

Ohne Zweifel ist dies ein verheißungsvoller, aber auch ein anspruchsvoller Weg. Er vollzieht sich in einer von großer Zersplitterung geprägten und konfliktbeladenen Zeit. Massive Abgrenzungsbewegungen entfremden Einzelne und Gruppen, so dass sie nicht mehr in der Lage sind, miteinander zu kommunizieren. Der Weg aber, auf den wir gerufen sind, wird sich auf noch intensivere Dialoge stützen müssen. Die Darstellung unserer jeweiligen Identität und der Identität unseres Gegenübers unterstreicht in der Regel unsere Unterschiede und hebt sie hervor. Unsere Erinnerungen sind häufig geprägt von Leid und Konflikt.

In dem Bewusstsein aller dieser zentrifugalen Kräfte, die immer die Gefahr bergen, uns voneinander zu trennen, ermutige ich uns dazu, auf die Zentripetalkraft der Taufe zu vertrauen. Die befreiende Gnade der Taufe ist ein Geschenk Gottes, das uns zusammenruft und uns eint! Die Taufe ist die prophetische Ankündigung von Heilung und Einheit inmitten unserer geschundenen Welt und wird damit zum Geschenk der Hoffnung für die Menschheit, die ein Leben in Frieden mit Gerechtigkeit und in versöhnter Verschiedenheit ersehnt. Welch tiefes Geheimnis: Das Schreien von Völkern und Einzelnen, deren Leben von Gewalt und Unterdrückung geprägt ist, klingt zusammen mit dem, was Gott uns fortwährend zuflüstert durch Jesus Christus, den wahren Weinstock, in dem wir eins sind. Bleiben wir an diesem Weinstock, dann tragen wir die Früchte des Friedens, der Gerechtigkeit und Versöhnung, der Barmherzigkeit und Solidarität. Gehen wir also voran auf diesem Weg, antworten wir im Glauben auf den Ruf Gottes und antworten wir damit auch auf die Schreie um Hilfe, auf den Durst und den Hunger einer verwundeten und gebrochenen Menschheit.

Und sollte Gott uns morgen mit Steinen in den Händen antreffen, wie jene Steine, die wir früher hielten, so mögen sie nicht dazu gedacht sein, sie auf einander zu werfen. Wer könnte jetzt noch den ersten Stein werfen, nachdem wir erkannt haben, was unsere Identität in Christus ausmacht? Mögen diese Steine genauso wenig dazu verwendet werden, Mauern der Trennung oder der Ausgrenzung zu bauen. Wie könnten wir so handeln, wenn Jesus Christus uns dazu beruft, Botschafterinnen und Botschafter der Versöhnung zu sein? Möge Gott uns also dabei antreffen, dass wir Brücken bauen, damit wir einander näher kommen, Häuser, in denen wir zusammenkommen, und Tische – ja, Tische – an denen wir Brot und Wein, die Gegenwart Christi, miteinander teilen können. Christus, der uns keinen Moment lang verlassen hat und uns ruft, in ihm zu bleiben, damit die Welt glaubt.

Martin Junge

(Pfarrer Dr. h. c. Martin Junge ist Generalsekretär des Lutherischen Weltbundes.)

Towards a Theology of the Body: Ecumenical and Ecosophical Implications

Tagungsbericht der 28. Jahrestagung der Arbeitsgemeinschaft Ökumenische Forschung (AÖF-ERF), 21.–23. Oktober 2016, Hamburg

Junge Wissenschaftlerinnen und Wissenschaftler mit Interesse an Ökumenischer Theologie, Missions- und Religionswissenschaften oder auch interreligiösem Dialog ins Gespräch zu bringen, das ist auch auf der 28. Jahrestagung des AÖF/ERF (Ecumenical Research Forum) wieder einmal gelungen. Sowohl die theologischen Impulse des Hauptreferenten, Fr. Dr. K. M. George (Indien), als auch die Vorstellungen verschiedenster Forschungsprojekte der Teilnehmenden boten reichhaltige Anknüpfungspunkte für angeregten Austausch über Konfessions- und Ländergrenzen hinweg.

Die Tagung begann am späten Freitagnachmittag mit einem ersten Impulsreferat von Fr. Dr. K. M. George zur Einstimmung auf das Thema des Hauptvortrags *Towards a Theology of the Body: Ecumenical and Ecosophical Implications.* Der Referent, Fr. Dr. K. M. George, ist Direktor der Sopana Orthodox Academy for Studies in Theology and Culture und Inhaber des Dr. Paulos Mar Gregorios-Lehrstuhls an der Mahatma-Gandhi-Universität Kottayam. Seine vorangehende Lehrtätigkeit führte ihn unter anderem als Vertreter der Orthodoxen Kirchen an das Ökumenische Institut in Bossey/Schweiz. Zudem war er Direktor des Orthodoxen Seminars in Kottayam im Bundesstaat Kerala/Indien. Neben seinem vielfältigen ökumenischen Engagement, etwa als Vorsitzender des Programmausschusses des Ökumenischen Rates der Kirchen, hat er zahlreiche Bücher und Artikel herausgegeben, darunter *The Silent Roots: Orthodox Perspectives on Christian Spirituality (1994), Christianity in India through the Centuries* (2007) sowie *Interfacing Theology and Culture* (2010).

Das Vorbereitungstreffen für die AÖF-ERF-Tagung, bei dem George als Gastreferent von dem vierköpfigen, international zusammengesetzten Exekutivausschuss ausgewählt und eingeladen worden war, hatte im März in Berlin stattgefunden. Dabei wurde auf den Wunsch der Teilnehmenden der Vorjahrestagung eingegangen, die ein besonderes Interesse an dem Thema „Body" aus theologischer Sicht bekundet hatten. Der Begriff „Body" kann im Deutschen sowohl mit „Körper" als auch mit „Körperschaft" im Sinne eines Verbands als auch mit „Leib" – also einem der zentralen Bilder für die Einheit der Kirche – übersetzt werden. Fr. Dr. K. M. George gelang es in seinen beiden Vorträgen diese verschiedenen Aspekte im Sinne einer "Theology of the Body" zusammenzuführen.

Dafür setzte George zunächst bei den schöpfungstheologischen Implikationen des Noachitischen Bundes (Gen 9,10–17) an. Der bekannte Bundesschluss, der mit dem Symbol des Regenbogens verknüpft ist, sei nicht nur zwischen Gott und dem Menschen Noah geschlossen worden, sondern auch mit Noahs Söhnen und ihren Nachkommen und allem „lebendigen Getier" – verbunden mit dem Versprechen auch die „Erde" nicht mehr verderben zu wollen. Zu dem "Body", mit dem Gott also einen Bund schließe, gehöre daher mehr als nur der Mensch. Wie George mehrmals betonte, handele es sich bei dem Bild der Kirche als "Body" entsprechend auch um mehr als nur eine Metapher. Die gesamte Erde sei ein lebendiges Wesen, ein Organismus, der sich ständig verändere, und sowohl Tod als auch Auferstehung umfasse, worauf z. B. durch den Schöpfungsbezug in den österlichen Traditionen hingewiesen werde. George verwies auf die These von Lynn White, dass die jüdisch-christliche Tradition mit ihrem stark anthropozentrischen Fokus mitverantwortlich sei für die ökologische Krise. Aus diesem Grunde, betonte George, sei es wichtig beim theologischen Verständnis von "Body" über die nur auf den Menschen bezogenen Implikationen hinauszugehen. Mit Bezug auf die feministische Theologin Sallie McFague ging George darauf ein, dass sich jeder immer schon in einem Körper vorfinde (auf Englisch: "embodied"), weshalb der eigene "Body" entsprechend auch das wichtigste Mittel dafür sei, ein tieferes Verständnis für die Kirche als "Body" zu erlangen. Jeder kenne die Erfahrung, dass man meistens die eigene Körperlichkeit nicht wahrnehme, obwohl man doch gleichzeitig einen unmittelbaren Zugang dazu habe. Es gebe aber viele Situationen, in denen man durchaus erleben könne, Teil eines größeren "Body" zu sein, als nur des eigenen Körpers, z. B. in Momenten großer Freude oder tiefer Trauer, in denen viele Menschen entsprechend in Umarmungen Körperkontakt mit anderen Menschen suchen würden und so mit ihnen ein "Body" würden.

Anknüpfend an die Vorstellung der modernen Kosmologie, die von einem Urknall ausgehe, also einem Ursprungsereignis, bei dem Leere und Chaos plötzlich durch Raum und geordnete Materie ersetzt worden seien, sprach Georges davon, dass sich im Universum der Schöpfer selbst entfalte. Dem entspreche auch die Kirchenväter-Aussage, man müsse in die Schöpfung schauen, wenn man die Herrlichkeit Gottes sehen wolle.

Abschließend wandte Fr. Dr. George die Vorstellung einer Evolution in verschiedenen Phasen auf die historische Entwicklung der ökumenischen Bewegung an: In der ersten Phase sei es primär um die Einheit der Kirchen gegangen, in der zweiten Phase sei dann als Ziel die Einheit der Menschheit – auch über Grenzen von Religionen und Weltanschauungen – hinzugekommen. Die nächste Evolutionsstufe sei nun die Ökosophie, d. h. eine theologische Einstellung, die einen radikal gewaltfreien Ansatz wie den Mahatma Gandhis auch auf die ökologischen Dimensionen ausdehne. Einem solchen Ansatz, wie er etwa von Raimon Panikkar vertreten worden sei, liege aber immer das Bild der Welt als "Body" zugrunde.

Im Anschluss an den Hauptvortrag gab es drei Panels mit Vorträgen, in denen einige TagungsteilnehmerInnen ihre Projekte vorstellten. Im ersten Panel präsentiert Ida Heikkilä aus Finnland das Thema *Witnessing Together – But of What and to Whom? The Two Ecumenical Paradigms of Witness.* In dem Vortrag ging es um die systematisch-theologische Aufarbeitung von "Witness" als Schlüsselbegriff der modernen Ökumene. Anhand zentraler ökumenischer Texte zeigte Heikkilä, dass der Gebrauch von "Witness" keineswegs einheitlich ist und arbeitete die beiden wichtigsten Paradigmen heraus: 1) die angelsächsische Tradition, in der "Witness" die Verkündigung des Evangeliums durch die Kirche an die gesamte Schöpfung meint, 2) die von der modernen deutschen Theologie dominierte Tradition, in der "Witness" (Zeugnis) die christliche Tradition und ihren Verweis auf die göttliche Transzendenz bedeutet.

Zeitgleich hielt Jaakko Pappinen, ebenfalls aus Finnland, seinen Vortrag *Conflicts with the 'Other': Rhetorics of Satan in early Christianity,* in dem er die rhetorischen Funktionen der Figur des „Satans" im Kontext früher Christentumsgeschichte nachzeichnete. Pappinen interpretierte die Satan-Rhetorik als ein Mittel, die eigene Gruppenidentität durch negative Abgrenzung zu stärken, und versuchte, aus seiner Analyse Konsequenzen für den heutigen Dialog, sowohl innerhalb des Christentums als auch im Gespräch mit Judentum und Islam zu ziehen.

Parallel dazu referierte Claudia Rimestad aus Erfurt zum Thema *Erwachsenentaufe in der Spätantike und heute. Ökumenische Annäherungsversuche.* In ihrem Vortrag stellte sie spätantike Taufpraktiken, die sie anhand der „Jerusalemer Tradition" erläuterte, heutigen Ansätzen von (Erwachsenen)-Taufe in verschiedenen christlichen Konfessionen gegenüber.

Im zweiten Panel stand mit dem Vortrag von Miika Ahola aus Finnland über *TCTCV [= The Church Towards a Common Vision] in Light of the*

Models of Unity ein weiteres Projekt auf dem Programm, das sich unmittelbar mit neueren ökumenischen Dokumenten auseinandersetzt.

Zunächst stellte Ahola verschiedene Modelle christlicher Einheit vor, die in der Forschung unterschieden werden. Anschließend erläuterte er, dass zwar keines der genannten Modelle explizit in dem vor drei Jahren veröffentlichten TCTCV benannt werde, zeigte aber auf, welche der Einheitsmodelle z. T. doch Eingang in das Dokument gefunden haben.

Wiederum zeitgleich referierte Basanta Prasad Adhikari aus Nepal über *The impacts of the elements of an effective and comprehensive induction program to beginning teacher's retention and attrition.* In dem Vortrag wurde eine quantitative und qualitative Studie vorgestellt, in der es darum ging, welche Rahmenbedingungen verhindern können, dass in Nepal überproportional viele Lehrpersonen bereits nach wenigen Jahren wieder den Schulbetrieb verlassen.

Sari Wagner aus Finnland und der Schweiz stellte *Die Stammbäume der Epiklesen der römisch-katholischen Kirche, der evangelisch-reformierten deutschsprachigen Kirchen der Schweiz und der Evangelischen Kirche in Deutschland* vor. Auf Grundlage eines Vergleichs verschiedener Agenden wies sie nach, dass sich überall sowohl altkirchliche als auch neu geschriebene oder aus einer anderen oder älteren Tradition stammende Eucharistiegebete finden.

Im Rahmen des dritten Panels folgte der Vortrag *Mission or Dialogue* von Ilija Jović aus Serbien. Darin ging es um die Bedeutung von Mission und das Verhältnis der Kirche zu nicht-christlichen Religionen wie sie im Kontext des ökumenischen Dialogs zwischen Orthodoxen und Lutherischen Kirchen in Indien zwischen 1978 und 1982 zur Sprache gebracht wurden. Besonderes Augenmerk richtete Jović auf die Unterscheidung zwischen Mission und Dialog.

Parallel referierte Suvi Korhonen zum Thema *Buddhism Renewing Christ: Religious Identity in the World of Religious Pluralism.* Der Vortrag ging der buddhistisch-christlichen Theologie des Amerikaners Paul F. Knitter nach und zeigte auf, wie Pluralismus im Selbstbild post-moderner Menschen verankert ist und inwiefern andere Religionen als hermeneutische Werkzeuge zur Identitätskonstruktion genutzt werden können.

Benedict Winkler präsentierte zur selben Zeit zum Thema *Abbanamaskar – Das Verhältnis von Yoga und Christentum.* Er unterzog dabei die Praxis, den traditionellen Sonnengruß der Yoga-Tradition („Suryanamaskar") als christliches Vater-Unser zu beten, den er von einem indischen Jesuiten gelernt hatte, einer kritischen Reflexion. Anhand des Dokumentes

„Schreiben an die Bischöfe der katholischen Kirche über einige Aspekte der christlichen Meditation" (1989) der Kongregation für die Glaubenslehre ging Winkler der Frage nach, inwieweit Christen fernöstliche Praktiken wie Yoga übernehmen können. Das Thema dieses Beitrags fand im Anschluss an die Vortragsreihen praktische Anwendung, als alle Interessierten gemeinsam das Beten des Vater-Unsers begleitet von den Yoga-Bewegungen einübten.

Der Samstagabend war organisatorischen Fragen wie der Sammlung von Themenvorschlägen für die kommende Tagung gewidmet. Zudem wurden Claudia Rimestad und Stanislau Paulau nach zweijährigem Engagement aus dem Fortsetzungskomitee verabschiedet. Neu gewählt wurden Ilija Jović aus Serbien, der zurzeit in Hannover arbeitet, und Johanna Hestermann aus Heidelberg.

Am Sonntagmorgen ging es zu einem gemeinsamen Gottesdienstbesuch in die Anglikanische Kirche St. Thomas Becket. Beim Kirchenkaffee im Anschluss an den Gottesdienst war Raum für Gespräche mit den Besuchern der Anglikanischen Kirche sowie mit Reverend Canon Dr. Leslie Nathaniel, einem profilierten Ökumeniker, der den Gottesdienst gehalten hatte. Nathaniel ist erst seit kurzem als Pfarrer in Hamburg, zuvor war er Geschäftsführer für internationale ökumenische Beziehungen des Erzbischofs von Canterbury sowie Geschäftsführer des Council for Christian Unity der Church of England.

Die 29. Jahrestagung der Arbeitsgemeinschaft Ökumenische Forschung wird vom 17.–19. November 2017 wiederum in der Missionsakademie in Hamburg stattfinden. Alle Interessierten sind herzlich eingeladen, die Tagung für offenen, internationalen und ökumenischen Austausch zu nutzen und bei Interesse auch eigene Projekte vorzustellen.

Johanna Hestermann

(Johanna Hestermann hat evangelische Theologie in Berlin, Glasgow und Heidelberg studiert. Zur Zeit forscht sie im Rahmen eines interdisziplinären Promotionskollegs der Universität Heidelberg an einem Projekt mit dem Titel „‚Alliance of believers' – Studien zum diskursiven Selbstverständnis der Evangelischen Allianz [1846– ca. 1875]" und ist Mitglied im Exekutivkomitee der Arbeitsgemeinschaft Ökumenische Forschung [AÖF].)

Als wichtiger ökumenischer Meilenstein nach dem Heiligen und Großen Konzil der Orthodoxn Kirche auf Kreta und dem katholisch-orthodoxen Dialog von Chieti erwiesen sich vom 6. bis 13. Oktober die *Beratungen der griechisch-orthodoxen und altorientalischen Kirchen zur jüngsten ekklesiologischen Vorlage des Ökumenischen Rates der Kirchen* (ÖRK). An der Tagung in Paralimni auf Zypern nahmen jene Bischöfe und Theologen der beiden östlichen Kirchenfamilien teil, die Mitglieder der *Kommission für Glauben und Kirchenverfassung* (Faith and Order) des ÖRK sind. In dieser hat sich zunehmend die gemeinsame Überzeugung durchgesetzt, dass die Hauptfrage hinter den Spaltungen zwischen den Christen die unterschiedliche Auffassung davon ist, was es heißt, Kirche zu sein. Die Kommission hat daher seit den 1990er Jahren an einer größeren Studie zum Thema Ekklesiologie gearbeitet, die 2013 auf der ÖRK-Vollversammlung in Busan den Mitgliedern zur Stellungnahme vorgelegt wurde (*„Die Kirche: Auf dem Weg zu einer gemeinsamen Vision"*). Sie konnte sich unter dem Vorsitz des Metropoliten Gennadios Limouris von Sasima (Ökumenisches Patriarchat Konstantinopel) auf eine gemeinsame Linie festlegen, mit der die weitere Mitarbeit der Orthodoxen an der ekklesiologischen Bewusstseinsbildung im ÖRK sichergestellt wird. Die katholische Kirche, die zwar nicht dem ÖRK, aber der Kommission für Glauben und Kirchenverfassung als Vollmitglied angehört, ist bereits zu einer recht positiven Einschätzung gelangt.

Vom 11. bis 13. Oktober fand in Nairobi (Kenia) eine nationale interreligiöse Konsultation statt, *die Teil einer zweijährigen PEPFAR-UNAIDS-Initiative* ist, mit der die Kapazitäten von religiösen Führungspersonen und Organisationen gestärkt werden sollen, um sich für eine nachhaltige HIV-Strategie einzusetzen. Der Konsultation in Nairobi folgte eine ähnliche Konsultation in Lusaka (Sambia) vom 19. bis 21. Oktober. Jede mündete in eine Roadmap und einen Aufruf zur Umsetzung der *PEPFAR-UNAIDS-Initiative* für religiöse Gemeinschaften, die schließlich Teil der UNAIDS-Strategie 2016–2021 unter dem Motto *Der schnelle Weg zur Beendigung von Aids* werden sollen. Zur Entwicklung nationaler Aktionspläne für die Religionsgemeinschaften im Jahr 2017 wird es außerdem für beide Länder eine gemeinsame Plattform geben.

Papst Franziskus hat gemeinsam mit dem Präsidenten und dem Generalsekretär des Lutherischen Weltbundes (LWB), Bischof Munib Younan und Pastor Martin Junge, *am 31. Oktober einen Gottesdienst* *im Dom zu Lund* gefeiert. An diesem Tag begann 1517 die Geschichte der Reformation. Während des *gemeinsamen Gottesdienstes* fast 500 Jahre nach der lutherischen Reformation haben die katholischen und lutherischen Gläubigen um Vergebung für die Spaltungen und Konflikte der Vergangenheit gebeten und gelobt, ihre Gemeinschaft und ihren Dienst in der Welt zu intensivieren. Papst Franziskus und Bischof Younan unterzeichneten ein *Gemeinsames Wort,* mit dem sich die katholische und die lutherische Kirche dazu verpflichten, ihre Gemeinschaft zu vertiefen und gemeinsam Zeugnis für Gerechtigkeit abzulegen. Vertreter*innen anderer christlicher Weltgemeinschaften und ökumenischer Einrichtungen wie der Ökumenische Rat der Kirchen (ÖRK) haben an dem Gottesdienst teilgenommen. Nach Aussage der Organisatoren war dies ein Zeichen dafür, dass der Fortschritt zwischen der katholischen und der lutherischen Kirche nicht isoliert von den zahlreichen anderen ökumenischen Beziehungen dieser Institutionen stattfinden kann (siehe Beiträge i. d. H., S. 91–100).

Nach dem Gottesdienst im Dom zu Lund fand in der Malmö-Arena nicht weit vom Dom eine öffentliche Veranstaltung statt, auf der Papst Franziskus und Bischof Younan auf das Zeugnis von katholischen und lutherischen Fürsprechenden für soziale Gerechtigkeit und Maßnahmen gegen den Klimawandel aus Burundi, Kolumbien, Indien, Südsudan und Syrien antworteten. Auf dieser Veranstaltung unterzeichneten die LWB-Abteilung für Weltdienst und die katholische Caritas Internationalis eine *Absichtserklärung über eine verstärkte humanitäre Zusammenarbeit* beider Organisationen.

Einen neuen Vorstoß zur *Überwindung der orthodoxen Kirchenspaltung in Mazedonien* hat Bischof Tichon Schewkunow von Jewgojewsk, Patriarchalvikar für das westliche Moskau, unternommen. Er führte in Skopje Gespräche mit Kirchen und Regierungsvertretern zur „Heilung dieser Wunde". Tichon bestätigte der mazedonischen Orthodoxie „ihren Eigenwert" und sprach die Hoffnung aus, dass eine Lösung für ihren „schmerzlichen Status quo" gefunden werden kann.

Ab Anfang November führt der *Europäische Stationenweg* von Genf aus durch 68 Orte in 19 europäische Länder und sammelt Geschichten zur Reformation ein. Im Mai 2017 kommt dieser Weg in Mitteldeutschland an und mündet in Wittenberg in die *Weltausstellung Reformation.* Städte in den Niederlanden und in Ungarn, in Slowenien und Irland werden ebenso angefahren wie Rom, Augsburg, Worms und die Wartburg. 36 Stunden lang wird jeweils Station gemacht: Regionale und ökumenische Partner laden zu einem Fest mit zahlreichen Veranstaltungen ein, um lokale Beziehungen zur Geschichte der Reformation aufzudecken.

Die 3. verbundene Tagung der 12. Synode der EKD, der 12. Generalsynode der VELKD und der 3. Vollkonferenz der UEK fand in der Zeit vom 3. bis 9. November in Magdeburg statt. Das Schwerpunktthema dieser Tagung lautete: *„So wirst du leben"* (Lukas 10,28). *Europa in Solidarität – Evangelische Impulse.* Die EKD-Synode sprach sich einstimmig gegen die Missionierung von Juden aus. Damit knüpft sie an die Erklärung zu Luthers Antijudaismus aus dem vergangenen Jahr an, in der sie sich von Luthers Schmähungen gegenüber den Juden distanziert hatte. Die jetzige *„Erklärung zu Christen und Juden als Zeugen der Treue Gottes"* zeichnet einen Weg nach, der mit der Synode 1950 in Berlin-Weißensee begann. Diese hatte die theologische Einsicht in die bleibende Erwählung Israels festgehalten. Mit einem Abschlussgottesdienst in der Magdeburger Pauluskirche ging die dritte Tagung der 12. Synode der Evangelischen Kirche in Deutschland (EKD) am 9. November zu Ende. „Die Synodentagung von Magdeburg hat ein Zeichen gesetzt gegen soziale Spaltung und für die Überwindung von Grenzen zwischen Nationen sowie Religionen," stellte die Präses der EKD-Synode, Irmgard Schwaetzer, fest.

In seiner *Botschaft* vom 16. November an die Mitgliedstaaten der UN-Klimarahmenkonvention erklärte der *Ökumenische Patriarch von Konstantinopel, Bartholomäus I.,* dass nur wenige echte Fortschritte erzielt worden sind. 22 Jahre seien ein nicht akzeptabler Zeitraum, um mit Klimakonventionen auf die Umweltkrise zu reagieren. Das Überleben der Schöpfung Gottes stehe auf dem Spiel. Die UN-Klimakonferenz (COP 22) kam vom 7. bis zum 18. November in Marrakesch (Marokko) zusammen.

Vom 17. bis 23. November tagte der *Exekutivausschuss des Ökumenischen Rates der Kirchen* (ÖRK) zum allerersten Mal in China. Gastgeber waren der Chinesische Christenrat und die Patriotische Drei-Selbst-Bewegung. Letztere ist eine protestantische Kirche in der Volksrepublik China und eines der größten protestantischen Gremien weltweit. Der ÖRK-Exekutivausschuss besuchte den Chinesischen Christenrat in Shanghai und traf Kirchenvertreterinnen und -vertreter in Nanjing. Auf der Sitzung des Exekutivausschusses wurde das Arbeitsprogramm für das Jahr 2017 genehmigt, mit einem besonderen Schwerpunkt auf den Pilgerweg der Gerechtigkeit und des Friedens, der als Fokus Afrika haben wird, das bereichsübergreifende Thema für das kommende Jahr. Besondere Aufmerksamkeit gilt dabei Nigeria, dem Südsudan und der Demokratischen Republik Kongo. Der Haushalt für 2017 wurde genehmigt und der Ausschuss besprach eine überarbeitete Finanzstrategie für 2018–2021. Während der Tagung in China kam auch der Lenkungsausschuss für das neue ökumenische Zentrum zusammen. Die Zeitpläne sollen entsprechend den Entscheidungen des Exekutivausschusses angepasst werden. Das Arbeitsprogramm des ÖRK für 2017 wurde überarbeitet, damit es besser auf die strategischen Ziele abgestimmt ist, die die Vollversammlung 2013 beschlossen hatte. Diese strategischen Ziele sind: Die Gemeinschaft stärken; Gemeinsam Zeugnis ablegen; Zu Spiritualität, Reflexion und Ausbildung ermutigen; Beziehungen aufbauen, die von Vertrauen und Verständnis geprägt sind; Zu innovativer Kommunikation inspirieren.

Mit der Kampagne *„16 Tage gegen Gewalt an Frauen"* wollte der Ökumenische Rat der Kirchen (ÖRK) auf die Würde von Frauen und Mädchen insbesondere im Bildungskontext aufmerksam machen. Die Kampagne begann am 25. November, dem Internationalen Tag zur Beseitigung der Gewalt gegen Frauen, und endete am Tag der Menschenrechte, dem 10. Dezember.

Traditionell findet die *Gebetswoche für die Einheit der Christen* vom 18. bis 25. Januar zwischen den Gedenktagen für das Bekenntnis des Apostels Petrus und die Bekehrung des Apostels Paulus statt. Aber viele Gemeinden feiern auch in der Woche vor Pfingsten bis Pfingstmontag. Mit Blick auf das Reformationsgedenken übernahm die Arbeitsgemeinschaft Christlicher Kirchen in Deutschland die Aufgabe, die Materialien für die Gebetswoche für die Einheit der Christen 2017 unter dem Thema *„Versöhnung – Die Liebe Christi drängt uns"* (2Kor 5,14–20) vorzubereiten. Folgende *Spendenprojekte* wurden für die *„Ökumenische Kollekte"* – Gebetswoche für die Einheit der Chris-ten 2017 ausgewählt: Projekt 1 (Spendenvorschlag Brot für die Welt – Kirchen helfen Kirchen): „Haus der Hoffnung" – Ein Ort der Hoffnung für Bedürftige, Brasov (Rumänien); Projekt 2 (Spendenvorschlag von Caritas International): Schulische und gesellschaftliche Integration der Kinder von Arbeitsmigranten, Jaffa (Israel); Projekt 3 (Spendenvorschlag des Ökumenischen Rates der Kirchen in Österreich): Schule und Werkstatt für Integration, Sucre (Bolivien). Der *zentrale* Gottesdienst zur Gebetswoche für die Einheit der Christen fand am 22. Januar 2017 in Lutherstadt Wittenberg statt.

Die Ernährung in den wachsenden Städten der Entwicklungsländer rückte *„Brot für die Welt"* in den Mittelpunkt seiner Spendenaktion. unter dem Motto *„Satt ist nicht genug – Zukunft braucht gesunde Ernährung"*, die am 1. Advent mit einem Festgottesdienst in der Georgenkirche Eisenach eröffnet wurde. Die Predigt hielt die Landesbischöfin der Evangelischen Kirche in Mitteldeutschland, Ilse Junkermann. Bis 2050 werden zwei Drittel der Weltbevölkerung in Städten leben. Zugleich erzeugten Kleinbauern in Familienbetrieben etwa 80 Prozent aller Nahrungsmittel weltweit. Oft fänden sie mit ihren Erzeugnissen in den Städten keine Marktzugänge. Die anhaltende Landflucht führe zu Ertragsrückgängen und zur Verschärfung des Hungers in den Elendsvierteln. Um diese gefährliche Tendenz stoppen zu können und die kleinen landwirtschaftlichen Betriebe besser gegen die Agrarkonzerne zu wappnen, bräuchten sie Unterstützung. Mit den Spenden werden etwa 2.000 Projekte weltweit unterstützt.

Im Münchener Dom fand am ersten Adventssonntag der Eröffnungsgottesdienst der Weihnachtsaktion 2016 *„Bedrohte Schöpfung – bedrohte Völker"* von *Adveniat* statt, mit Gästen und Musik aus Lateinamerika. Adveniat ruft die Menschen in Deutschland und in Europa auf, sich für die Völker in Amazonien und deren Mitwelt stark zu machen, um den ausbeuterischen Raubbau und die Missachtung der Schöpfung zu unterbinden.

In einem gemeinsamen Projekt *„Reformation reloaded"* des Verbands der Geschichtslehrer Deutschlands und der EKD haben Geschichts- und Religionslehrer fächerübergreifende Unterrichtsmaterialien zum Thema Reformation als frei zugängliche Unterrichtsbausteine (Open Educational Ressources OER) entwickelt. Schulen könnten zudem als Akteure tätig werden und ihre Projekte und Arbeitsergebnisse veröffentlichen.

Die „Gemeinsame Konferenz Kirche und Entwicklung" (GKKE) fordert ein neues *Gesetz zur Rüstungsexportkontrolle.* Diese und weitere Forderungen wurden bei der Vorstellung des *20. Rüstungsexportberichts der GKKE* in der Bundespressekonferenz in Berlin erhoben. Der Bericht stellt öffentlich verfügbare Informationen über die deutschen Ausfuhren von Kriegswaffen und Rüstungsgütern zusammen und bewertet die Rüstungsexportpolitik im Zusammenhang der Friedens-, Sicherheits- und Entwicklungspolitik.

Die Jury des *Ökumenepreises der Arbeitsgemeinschaft Christlicher Kirchen (ACK) in Deutschland* wählte das *Projekt der ACK Bremen* aus insgesamt 47 Bewerbungen aus. Der mit 3.000 Euro dotierte Preis wird dem Projekt am 22. Januar 2017 im Anschluss an den zentralen Gottesdienst zur Gebetswoche für die Einheit der Christen in Lutherstadt Wittenberg verliehen. Insgesamt 42 evangelische, katholische, freikirchliche und orthodoxe Kirchengemeinden haben sich an der *„Ökumenischen Staffel der Gastfreundschaft"* in Bremen beteiligt. Sie wollten damit im Vorfeld des Ökumenischen Stadtkirchentages, der vom 16. bis 18. September in der Hansestadt stattfand, die Gemeinschaft der Kirchen durch persönliche Begegnungen zwischen den Konfessionen, Stadtteilen und Milieus stärken und ein Zeichen für ein friedliches Miteinander setzen. Eine solche Staffel wurde in dieser Form erstmalig in Deutschland durchgeführt. Ziel war es, die verschiedenen

Traditionen und Kulturen ins Gespräch zu bringen und die Gemeinsamkeiten zu entdecken.

Einen bundesweit einzigartigen ökumenisch-geistlichen *Übungsweg zum Reformationsjubiläum/Reformationsgedenken* haben die Evangelische Kirche der Pfalz, das Bistum Speyer und die Arbeitsgemeinschaft Christlicher Kirchen (ACK) Südwest in Speyer vorgestellt. Unter dem Motto *„zusammen wachsen"* gibt der Übungsweg interessierten Einzelpersonen und Gruppen Impulse für persönliche Glaubensübungen und -erfahrungen. Er versteht sich als Beitrag, das Reformationsjubiläum mit allen Konfessionen als gemeinsames Christusfest zu begehen und nach dem zu suchen, was die Konfessionen miteinander verbindet.

Am 20. Januar 2017 fand in der Mennonitenkirche Hamburg im Forum 15 der Themenreihe *„Toleranz – eine unmögliche Tugend? Zwischen Populismus und ‚Political Correctness'"* die dritte Veranstaltung statt, die mit der Aussage „Ich bin kein Nationalist, aber ..." konfrontierte. Es ging um die Fragen nach einem scheinbar wachsenden Verlangen nach nationaler Identität. Die ersten beiden Abende setzten sich mit den Aussagen „Ich habe nichts gegen Muslime, aber ..." (4. Nov. 2016); „Ich habe nichts gegen Flüchtlinge, aber ..." (2. Dez. 2016) auseinander.

Mit einer gemeinsamen Tagung wollen die beiden großen Kirchen ihre *neuen Bibelübersetzungen* würdigen. An der Veranstaltung am 9. Februar 2017 in Stuttgart unter dem Leitsatz *„Das Wort – ganz nahe bei dir"* (5 Mose/Dtn 30,14) werden auch der EKD-Ratsvorsitzende Heinrich Bedford-Strohm und der Vorsitzende der Deutschen Bischofskonferenz, Kardinal Reinhard Marx, teilnehmen. Anlass sind die Veröffentlichung der neuen Lutherbibel und die für die katholische Kirche verbindliche Einheitsübersetzung. Ziel der Tagung sei, über die Neuausgaben miteinander ins Gespräch zu kommen. Zugleich solle die „gesamtgesellschaftliche Bedeutung" der neuen Bibelübersetzungen hervorgehoben werden.

Die Liturgie des *Weltgebetstags,* der am 3. März 2017 unter dem Titel *„Was ist denn fair?"* gefeiert wird, wurde von 20 christlichen Frauen unterschiedlichen Alters und aus allen Regionen der Philippinen verfasst. Das Material kann bei der MVG Medienproduktion und Vertriebsgesellschaft mbH unter der E-Mail-Adresse *bestellung@eine-welt-shop.de* bestellt werden.

Vom 20. Mai bis 10. September 2017 findet in Wittenberg die *„Weltausstellung"* zum Reformationsjubiläum statt. Rund 100 Aussteller der internationalen Ökumene präsentieren ihre Arbeit und laden dazu ein, gemeinsam Impulse aus der Reformation aufzunehmen und für die Zukunft fruchtbar zu machen. Im Christuszelt lädt die ACK um 12.30 Uhr zu einem täglichen

Gebet für die Einheit der Christen ein. Außerdem ist die ACK an der Gestaltung der Themenwochen „Schöpfung" und „Ökumene" beteiligt.

Die *44. Konferenz der Internationalen Ökumenischen Gemeinschaft* (IEF), die vom 21.–28. August 2017 in Lutherstadt Wittenberg unter dem Thema *„Vom wahren Schatz der Kirche(n) – Dem Evangelium miteinander auf der Spur"* stattfindet, weist zahlreiche interessante Veranstaltungen auf, u. a. mit der Reformationsbotschafterin Margot Käßmann, Bischof Gerhard Feige, Bischöfin Junkermann u.v.a. Am Sonntag, dem 27. August 2017, feiern der Ratsvorsitzende der EKD, Landesbischof Heinrich Bedford-Strohm, und der Generalsekretär des Ökumenischen Rates der Kirchen, Olav Fykse Tveit, gemeinsam die Lima-Liturgie. Nähere Informationen finden Sie unter www.ief-deutschland.com.

Die *Ökumenische FriedensDekade* wird vom 12.–22. November 2017 unter dem Motto *„Streit!"* begangen. Damit will sie zum einen auf die dringend notwendige Auseinandersetzung um die enormen finanziellen Zuwächse im bundesdeutschen Militärhaushalt aufmerksam machen, zum anderen für einen Ausbau ziviler Maßnahmen der Konfliktbearbeitung „streiten". Zugleich soll die Frage nach dem demokratischen Umgang mit anderen Meinungen auf dem Hintergrund zunehmender populistischer und nationalistischer Tendenzen in Deutschland und weltweit gestellt und Wege zu einer demokratischen Streitkultur aufgezeigt werden.

Der *3. Ökumenische Kirchentag* wird im Jahr 2021 in Frankfurt am Main stattfinden. Der Deutsche Evangelische Kirchentag (DEKT) und das Zentralkomitee der deutschen Katholiken (ZdK) haben am Freitag, dem 18. November 2016, die Einladung der Evangelischen Kirche in Hessen und Nassau und des Bistums Limburg nach Frankfurt angenommen. Als Termin für den 3. Ökumenischen Kirchentag in Frankfurt wurden die Tage um das Fest Christi Himmelfahrt von Mittwoch, 12. Mai, bis Sonntag, 16. Mai 2021, beschlossen.

Von Personen

Martin Stöhr, vormals Direktor der Evangelischen Akademie Arnoldshain, von 1965 bis 1984 Präsident des Deutschen Koordinierungsrates der Gesellschaften für Christlich-Jüdische Zusammenarbeit, hat für Verdienste im Dialog zwischen Juden und Christen die Martin-Niemöller-Medaille der Evangelischen Kirche in Hessen und Nassau (EKHN) erhalten. Es ist dies die höchste Auszeichnung, die die EKHN zu vergeben hat. Von 1990 bis 1998 war Stöhr Präsident des International Council of Christian and Jews (ICCJ), dessen Ehrenpräsident er seither ist.

Antonij Michalev, seit 2013 bulgarischer orthodoxer Metropolit für West- und Mitteleuropa mit Sitz in Berlin, wurde vom Heiligen Synod in Sofia zusätzlich mit der Verwaltung des wichtigen südbulgarischen Sprengels Stara Zagora beauftragt. Dort wurde Metropolit *Galaktion Tabakov* offiziell aus gesundheitlichen Gründen abgesetzt.

Margot Käßmann, EKD-Botschafterin für das Reformationsjubiläum, und Erzbischof *Wojciech Polak,* Primas der katholischen Kirche in Polen, sind von der Evangelisch-Augsburgischen Kirche in Polen ins Ehrenkomitee für die Feier zum 500. Jahrestag der Reformation berufen worden. Außerdem gehören dem Komitee u. a. Erzbischöfin *Antje Jackelen* von der lutheri-

schen Schwedischen Kirche, Bischof *Munib A. Younan,* Präsident des Lutherischen Weltbunds, Bischof *Michael Bünker,* Generalsekretär der Gemeinschaft Evangelischer Kirchen in Europa, der orthodoxe Breslauer Erzbischof *Jeremiasz,* der Ex-Ministerpräsident Polens und EU-Parlamentspräsident *Jerzy Buzek* sowie der polnische Komponist *Krzysztof Penderecki* an.

Sheilag Kesting, Ökumenereferentin der Kirche von Schottland, die vor kurzem in den Ruhestand ging, wurde von Papst Franziskus mit dem Gregoriusorden (Päpstlicher Ritterorden des heiligen Gregor des Großen) ausgezeichnet. Er ist der vierthöchste Orden für Verdienste um die römisch-katholische Kirche.

Elspeth Davey von der Schottischen Bischöflichen Kirche beendete Ende 2016 ihre berufliche Laufbahn. Sie trug vor allem zur Porvoo-Erklärung über die volle Kirchengemeinschaft zwischen den Kirchen anglikanischer und lutherischer Konfession in den nordischen Ländern bei.

Ekkehard Vetter, Präses des Mülheimer Verbands Evangelisch-Freikirchlicher Gemeinden, wurde von den Mitgliedern des Hauptvorstands der Deutschen Evangelischen Allianz (DEA) zum neuen Vorsitzenden des Gremiums gewählt. Er trat sein Amt zum 1. Januar 2017 an. Anfang 2016 hatte der bisherige Allianz-Vorsitzende *Michael Diener,* seines Zeichens Präses des Evangelischen Gnadauer Gemeinschaftsverbands und Mitglied im Rat der EKD, unter Hinweis auf seine angegriffene Gesundheit angekündigt, ein Jahr vor Ablauf seiner sechsjährigen Amtsperiode zurückzutreten. Dies hatte er den Mitgliedern des Hauptvorstands bereits im Oktober 2015, vor seiner Wahl in den Rat der EKD, brieflich mitgeteilt.

Es vollendeten

das 70. Lebensjahr:

Gerhard Begrich, von 1993 bis 2007 Rektor des Pastoralkollegs der Evangelischen Kirche der Kirchenprovinz Sachsen im Kloster Drübeck, danach bis 2009 als Studienleiter im Kolleg;

Heinz-Georg Ackermeier, Pfarrer i. R., ehemaliger Leiter des Instituts für Kirche und Gesellschaft der Evangelischen Kirche von Westfalen, am 4. November;

das 75. Lebensjahr:

Uwe-Peter Heidingsfeld, Oberkirchenrat i. R., früherer Leiter des Berliner Büros der EKD und ehemaliges Redaktionsmitglied der Ökumenischen Rundschau, am 4. September;

das 85. Lebensjahr:

Günter Brakelmann, von 1972 bis 1996 Professor für Christliche Gesellschaftslehre an der Fakultät für Evangelische Theologie der Ruhr-Universität Bochum;

Günter Bransch, ehemaliger Generalsuperintendent des Kirchensprengels Potsdam, am 7. Dezember.

Verstorben sind:

Vincent Topper, Msgr., Priester des Bistums Harrisburg/Pennsylvania und ältester katholischer Priester in den USA, im Alter von 105 Jahren, am 7. Oktober;

Jacob Neusner, Rabbiner und Historiker in New York, im Alter von 85 Jahren, am 8. Oktober;

Otto Riedel, Prälat, früherer Dompropst an der Berliner St. Hedwigs-Kathedrale (1987–2005), im Alter von 86 Jahren, am 10. Oktober;

Gerd Haeffner SJ, Philosoph, Heidegger-Fachmann und u. a. früherer Rektor der Hochschule für Philosophie der Jesuiten in München (1982–1988), an der er von 1974 bis 2009 lehrte, im Alter von 75 Jahren, am 12. Oktober;

Halfdan T. Mahler, Generaldirektor der World Health Organisation (WHO) von 1973–1988, während seiner Amtszeit arbeitete der WHO mit der Christlichen Gesundheitskommission (Christian Medical Commission [CMC]) des Ökumenischen Rates der Kirchen zusammen, er kümmerte sich um das globale gesundheitspolitische Konzept der primären Gesundheitsversorgung, im Alter von 93 Jahren, am 14. Dezember;

John Doom, Evangelische Kirche von Maòhi (Französisch-Polynesien), nationaler Koordinator der Vereinigung der ehemaligen Beschäftigten auf dem Atomtestgelände Moruroa (Moruroa e Tatou); zwischen 2006 und 2013 ÖRK-Präsident für den Pazifik, im Alter von 80 Jahren, am 24. Dezember.

Zeitschriften und Dokumentationen

I. Aus der Ökumene

Matthias Türk, Der Päpstliche Rat zur Förderung der Einheit der Christen im Jahre 2015, Catholica 2/16, 81–100;

Bernd Buchner, Versöhnt und nicht verschieden. Ökumenisches Reformationspapier mahnt zu „sichtbarer Einheit", KNA-ÖKI 40/16, 3;

ACK, Versöhnt miteinander. Wort der ACK-Mitgliederversammlung zu 500 Jahre Reformation, ebd., Dokumentation I–IV;

Hanna-Barbara Gerl-Falkovitz, Sinnlichkeit und Sinn. Über die Sinnfülle der Schöpfung, US 4/16, 328–340;

Dorothea Sattler, Die ganze Schöpfung – Lobpreis Gottes. Predigt am Tag der Schöpfung am 2. September 2016 in Bingen, ebd., 341–343.

II. Aus der Orthodoxie

Heinz Gstrein, Konzil von Kreta verteidigt. Grazer Theologe: Ein Glaube in vielen Begriffen und Formulierungen, KNA-ÖKI 51–52/16, 7–8;

Nikolaj Thon, „Kirche repräsentiert nur Christus". Ein bemerkenswertes Interview mit Patriarch Kyrill I., ebd., 9–10;

Dietmar Schon OP, Kommunikation statt Entfremdung. Zur Methodik einer Annäherung von katholischer und orthodoxer Kirche, ebd., 42/16, Dokumentation I–VII;

Johannes Oeldemann, Die Synodalität in der Orthodoxen Kirche, Catholica 2/16, 133–148;

Heinz Gstrein, Kein Gebet mit dem Papst. Patriarch Ilia II. hält sich dank Anti-Ökumene am Ruder, KNA-ÖKI 40/16, 7–8;

Aram Mardirossian, Religion des pères. Le christianisme en Arménie des origines à nos jours, Istina 2/16, 145–167;

Jean-Pierre Mahé, Saint Grégoire de Narek, chantre de la miséricorde, ebd., 169–193;

Michel Mallèvre, Note sur la portée oecuménique de la proclamation de Saint Grégoire de Narek comme docteur de l'Église, ebd., 195–200;

Dietmar W. Winkler, Les débuts de la collaboration entre les Églises orientales orthodoxes au XXe siècle, ebd., 201–212;

Georges Ruyssen, Le Saint Siège et le Génocide arménien, ebd., 213–226.

III. Reformation

Friedrich Wilhelm Graf, Reise nach Jerusalem. Was die EKD beim Reformationsjubiläum falsch macht, Zeitzeichen 10/16, 8–11;

Christoph Kähler, Die Worte der Reformatoren. Die revidierte Lutherbibel verzichtet auf durchgreifende sprachliche Modernisierung, ebd., 16–18;

Markus Iff, Reformatorisches Erbe und Perspektiven für Gemeinschaft in Zeugnis und Dienst. Freie evangelische Gemeinden (FeG) und die Gemeinschaft Evangelischer Kirchen in Europa (GEKE), ThGespr 4/16, 163–177.

IV. Zum Sinn des Lebens

Michael N. Ebertz, „Das Leben hat einen Sinn, wenn ...“ Sinngebungen in der multiplen Gesellschaft, US 4/16, 250–257;

Gudrun Heidecke, Die acht Bausteine des Buddha zum Sinn des Lebens, ebd., 258–268;

Ludger Schwienhorst-Schönberger, „Gott nahe zu sein ist mein Glück“ (Ps 73,28). Zur Frage nach dem Sinn des Lebens im Alten Testament, ebd., 269–282;

Johannes Hauck, „Wie du, Vater, in mir und ich in dir, sollen auch sie in uns sein ... vollendet in der Einheit“ (Joh 17,21.23). Zum Sinn des Lebens nach christlicher Tradition, ebd., 309–327.

V. Weitere interessante Beiträge

Rüdiger Althaus, Die Synodalität (in) der Kirche aus Sicht des katholischen Kirchenrechts, Catholica 2/16, 101–113;

Friedrich Hauschildt, Synodalität (in) der evangelischen Kirche, ebd., 114–132;

Paula Konersmann, „Ein Drahtseilakt“. Forscherin sieht Moscheevereine in der Pflicht gegen Salafismus, KNA-ÖKI 40/16, 14–15;

Jörg Lanckau, Grenze des Todes. Warum der Mensch im Schlaf eines persönlichen Gottes bedarf, Zeitzeichen 10/16, 27–29;

Oliver Pilnei, Neue Entwicklungen in der baptistischen Tauftheologie und Taufpraxis, ThGespr 4/16, 178–188;

Norbert Zonker, Irritierende „Freund-Beobachtung“. Protestanten fragen nach „Reform im Katholizismus“, KNA-ÖKI 49/16, 3–5;

Christoph Arens, Mehr Kooperation in der Schule. Katholische Bischöfe geben Empfehlungen für Religionsunterricht, ebd., 51–52/16, 5;

Jan-Heiner Tück, In die Zeit Christi eintreten. Zur therapeutischen Dimension der Eucharistie, Communio 4/16, 523–530;

Regina Radlbeck-Ossmann, Ein die Einheit hindernder Einheitsdienst? Rückblick auf fünfzig Jahre Arbeit am Paradox des Papsttums, StimdZ 12/16, 803–812;

Anna Henkel, Zwischen Rolle und Person. Parasitäre Verhältnisse, EvTh 6/16, 427–439.

VI. Dokumentationen

Zum Auftakt des Reformationsgedenkjahres hat die Arbeitsgemeinschaft Christlicher Kirchen in Deutschland (ACK) ihr *Wort zu 500 Jahre Reformation* unter dem Titel

118

„*Versöhnt miteinander*" in einer Broschüre veröffentlicht. Das Wort wurde von der Mitgliederversammlung der ACK verabschiedet und ist eine gemeinsame Stellungnahme der 17 Mitgliedskirchen und sechs Gastkirchen der ACK. Das Wort wird in der Broschüre ergänzt durch ein Gottesdienstformular sowie theologische Perspektiven aus verschiedenen Konfessionen. Außerdem werden praktische Hinweise zu der Arbeit mit dem Wort in den Gemeinden gegeben. Die Broschüre „Versöhnt miteinander" kann kostenlos im Shop der ACK bestellt oder heruntergeladen werden.

Ob Taufhandlung, Segnung, das Austeilen des Abendmahls oder der Friedensgruß – rituelle Gesten und Gebärden sind fester Bestandteil jedes Gottesdienstes. Als zweiten Band seiner Reihe *„Impulse für Liturgie und Gottesdienst"* legt das Liturgiewissenschaftliche Institut der Vereinigten Evangelisch-Lutherischen Kirche Deutschlands (VELKD) bei der theologischen Fakultät der Universität Leipzig jetzt ein Buch vor, das sich dem körperlichen Aspekt liturgischen Handelns widmet. Die Publikation ist über den Buchhandel oder den Verlag erhältlich: „Die heilende Kraft der reinen Gebärde. Gespräche über liturgische Präsenz" von Christian Lehnert, Manfred Schnelle, hrsg. vom Liturgiewissenschaftlichen Institut der VELKD. Impulse für Liturgie und Gottesdienst, Band 2. Evangelische Verlagsanstalt Leipzig, 2016, 96 Seiten, 14,80 EUR.

Neue Bücher

KIRCHEN IM DIALOG

Martin Illert, Dialog – Narration – Transformation. Die Dialoge der Evangelischen Kirche in Deutschland und des Bundes der Evangelischen Kirchen in der DDR mit orthodoxen Kirchen seit 1959, Beihefte zur Ökumenischen Rundschau Nr. 106. Evangelische Verlagsanstalt, Leipzig 2016. 444 Seiten. Pb. EUR 64,–

Das annähernd 450 Seiten umfassende Werk von Illert, das im Jahr 2015 an der Theologischen Fakultät der Martin-Luther-Universität Halle-Wittenberg als Habilitationsschrift angenommen wurde, gibt einen umfassenden und detailreichen Einblick in die nunmehr fast 60-jährige Dialog-Geschichte der Evangelischen Kirche in Deutschland (EKD) mit den Patriarchaten der Russischen Orthodoxen Kirche (ROK), der Rumänischen Orthodoxen Kirche (RumOK), der Bulgarischen Orthodoxen Kirche (BOK) sowie dem Ökumenischen Patriarchat Konstantinopel. Weiterhin werden auch die Dialoge des Bundes der Evangelischen Kirchen in der DDR (BEK) mit der ROK und der BOK dargestellt und analysiert. Mit einer beeindruckenden Fülle von Quellenzitaten liest sich dieser Hauptteil des Buches an vielen Stellen so spannend wie eine zeitge-

schichtliche Dokumentation. Illert gibt dem Leser zuvor sein hermeneutisches Instrumentarium an die Hand, mit Hilfe dessen die Fülle der Ereignisse und Fragestellungen in den einzelnen Dialogphasen strukturiert und dadurch besser erfassbar gemacht werden kann. Mit den Begriffen „Narration" und „Transformation", die dem Werk auch den Titel gegeben haben, zeigt der Autor schon bei der chronologischen Darstellung der einzelnen Dialoge den Kern seiner Herangehensweise auf: Die Dialoge sollen nicht einfach als Treffen zur Erarbeitung und Fixierung gemeinsamer theoretischer Theologumena in Konsenspapieren verstanden und beurteilt werden, sondern als Begegnungsereignisse, die von den Dialogpartnern in ihren kirchlichen Kontexten in je eigenen Deutungserzählungen, Narrationen, weitergegeben wurden, und die als dynamische Prozesse der Verwandlung, der Transformation, auf verschiedensten Bezugsebenen wirksam wurden.

Dabei wird deutlich, dass die genannte Fülle der Quellen nicht kompletistischer Selbstzweck ist, sondern zwingend erforderlich, um die Dialoge als Ereignisse in ihren komplexen zeit-, kirchen- und theologiegeschichtlichen sowie auch kirchendiplomatischen und politischen Bezügen zu begreifen. Illert begründet diese dynamisch-prozessorientierte

Sicht der Dialoge und das damit verbundene hermeneutische Vorgehen mit dem Selbstverständnis der Dialogpartner in ihren Anfängen. „So konnten beide Seiten annehmen, dass sich ein quasi-sakramentales Begegnungsgeschehen an ihnen vollziehe. Im Verlauf ihrer Verständigung werde ihnen Kommunion von Gott geschenkt"(44). Diese Feststellung des Autors für die erste Phase des Dialogs der EKD mit der ROK kann auch auf die anderen Gespräche angewendet werden.

Illert weist in seiner präzisen Darstellung der historischen Ereignisse im diachronen Mittelteil des Buches eine Fülle von Narrationen und Transformationsmotiven auf, die er im anschließenden synchronen Teil analysiert und interpretiert. Dabei werden auch die Selbst- und Fremdbilder der Dialogpartner und deren jeweilige Veränderungen im Dialogprozess dargestellt. So erfährt man etwa, dass die ROK sich selbst in der Anfangsphase als alleinige Wahrerin der altkirchlichen Tradition sah und die EKD-Delegationsmitglieder sich als Vertreter lernender Kirchen verstanden, die nach den bitteren Erfahrungen der Nazi-Zeit geläutert wieder Kontakt zu ihren geistlichen Ursprüngen aufnehmen wollten. Dabei spielte das Klima der Annäherung in der bundesdeutschen Ostpolitik jener Jahre als zeitgeschichtliches Motiv eine wichtige Rolle.

Es wird deutlich, dass sich mit dem zeitgeschichtlichen Kontext auch die Selbst- und Fremdbilder der Gesprächspartner veränderten, sowie die Auswahl der Fragestellungen für die einzelnen Dialogphasen. Aus dem „lernbereiten" evangelischen Dialogpartner, der sich aus orthodoxer Sicht im Prozess der „Verkirchlichung" befand, war nach der Jahrtausendwende der selbstbewusste, manchmal auch als überheblich empfundene Vertreter moderner sozialethischer Werte geworden, der das Dialoggegenüber daran messen wollte, inwieweit es bereit und willens war, diese Werte zu übernehmen. Fremd- und Selbstbilder wurden instrumentalisiert, um sich im Kontext des eigenen kirchlichen Milieus von der dunklen Folie des Dialogpartners strahlend abzuheben. Es kommt dann zu den altbekannten Klischees von den aufgeklärten und den voraufgeklärten Kirchen auf der einen Seite, bzw. den Kirchen in Treue zu Christus gegenüber den dem Säkularismus verfallenen westlichen Kirchen auf der anderen Seite.

Bei den Dialogen des BEK mit der ROK und der BOK zeigt sich besonders deutlich, dass die ereignis- und prozessorientierte Interpretation Illerts den oft undurchschaubar wirkenden Verflechtungen von kirchlichen, theologischen und politischen Interessen und Absichten besser gerecht wird als ein auf dogmatische und kirchenrechtliche Ergebnisse fixiertes Verständnis. Die Narration des BEK als Dialogpartner der Vertreter von Kirchen des Volkes im Sozialismus sein zu wollen und die damit verbundene Betonung der Friedensthematik und der friedlichen Koexistenz und die Transformation der ROK kurz nach der politischen Wende zu einer Kirche, die die Kooperation einzelner Kirchenführer mit dem Staat und manches fragwürdige politische Taktieren auch bei den Dialoggesprächen bearbeiten musste, zeigen die Dynamik der Prozesse, in welche die Dialoggespräche verwoben waren und sind. Das Thema der Instrumentalisierung durch die politischen Machthaber in den Herkunftsstaaten der Dialogpartner ist nur einer dieser Ereignisstränge. „In mancher Hinsicht habe eine Kluft zwischen den Werten der Kirchen und ihrem Handeln bestanden. So fassten beide Kirchen selbstkritisch ihre Rolle in den damaligen Staaten ins Auge ...“ (177).

Bei seiner abschließenden Bewertung erinnert Illert nochmals an den geistlich-liturgischen Ausgangspunkt der Gespräche. „Die Dialoge waren und sind immer von einem gemeinsamen geistlichen und gottesdienstlichen Leben begleitet, ... Wo die beteiligten Kirchen dieses hermeneutische Spezifikum der Gespräche erkennen, ... leben die Dialoge auch von der Hoffnung auf die Heilung der Schwächen der Dialogpartner und der zeitbedingten Engführungen und Zwänge der Gespräche. In diesem Referenzrahmen bieten die Dialoge den Kirchen die Chance, Klischees und konfessionelle Stereotypen sowohl in der Selbstbeschreibung als auch bei der Fremdwahrnehmung zu überwinden, die bei einer Konzentra-

tion auf systematisch-theologische Fragestellungen u. U. noch bekräftigt und verstärkt werden könnten. Die Begegnungen selbst können als Teil eines Transformationsgeschehens erfahren werden, das die Kirchen weder selbst initiieren oder steuern, sondern das sich an ihnen vollzieht“ (357). Dies ist wohl auch den Kritikern ins Stammbuch zu schreiben, die bis in die jüngste Zeit nicht müde werden, vom Ende der Dialoge zu sprechen, weil doch das Erreichte auf dem Gebiet der Verständigung in dogmatischen Lehrinhalten nach 60 Jahren enttäuschend gering sei und auch zu wenige kirchenrechtliche Konsequenzen im Sinne einer gegenseitigen Anerkennung als gleichberechtigte Kirchen zu finden seien.

Vielleicht ist es auch die Stärke von Illerts Werk, dass er als Referent für Orthodoxie im Kirchenamt der EKD und gegenwärtig Verantwortlicher für die Weiterführung der Dialoge mit seiner Hermeneutik der Narration und Transformation das bisherige Dialoggeschehen ernster nimmt, als manch andere beteiligte Vertreter der Kirchen und der akademischen Theologie es bisher getan haben und tun. Man wird nicht zu hoch greifen, wenn man seine umfassende, präzise, analysierende, sprachlich sehr gut lesbare und klar strukturierte Darstellung schon jetzt als ein Standardwerk zur Erforschung und Bewertung der Dialoge der EKD mit den orthodoxen Kirchen bezeichnet. Darüber hinaus kann das Buch in seiner breiten und tiefen Ausschöpfung des Quellenmaterials auch für nicht-theologische Leser mit Interesse an der jüngeren deutschen Zeitgeschichte von Bedeutung sein.

Roland Fritsch

KONFESSIONSKUNDE

Johannes Oeldemann (Hg.), Konfessionskunde. Handbuch der Ökumene und Konfessionskunde, Band 1. Bonifatius Verlag/Evangelische Verlagsanstalt, Paderborn/Leipzig 2015. 433 Seiten. Pb. EUR 26,90.

Eine umfangreichere Konfessionskunde, also ein Überblick über die verschiedenen Kirchen und Denominationen der Gegenwart, ist seit Jahren nicht mehr publiziert worden. Eine letzte umfangreiche Edition, die in vielem dem Aufriss der neuen Konfessionskunde aus dem Johann-Adam-Möhler-Institut entspricht, stellt die bereits 1977 von Friedrich Heyer publizierte Arbeit dar. Das hier zu besprechende Werk hat nicht nur neuere Literatur und Entwicklungen in einzelnen Konfessionen (vgl. z. B. in bemerkenswerter Weise zum Katholizismus, 59) berücksichtigt, sondern ist auch tendenziell von einem anderen Ansatz geprägt: Eine systematische Grundlage für den vorliegenden Band bietet nämlich – ähnlich wie bereits bei der ebenfalls vom Möhler-Institut herausgegebenen Kleinen Konfessionskunde – das Ökumenismus-Dekret des Zweiten Vatikanischen Konzils. Dementsprechend ist die genaue Kenntnis der Dialogpartner ein wichtiges Ziel (vgl. 65).

In seinem Nachwort betont der Herausgeber und Direktor für Ökumenik am genannten Paderborner Institut, Johannes Oeldemann, die Aufgaben einer modernen Konfessionskunde im 21. Jahrhundert. Diese dürfe nicht mehr „konfessionelle Identitäten im Sinne einander abgrenzender oder sogar ausschließender Wesensmerkmale der verschiedenen Kirchen" herausarbeiten. Vielmehr sei „ein Perspektivwechsel erforderlich: Die jeweiligen konfessionellen Besonderheiten lassen sich zwar als ‚Erbe' einer bestimmten Tradition historisch erklären, sollten aber vor allem in der Hinsicht erschlossen werden, welche ‚Gaben' die einzelnen Kirchen aus ihrer Tradition in die wachsende Gemeinschaft einbringen können" (430).

Dieses Ideal wird in dem vorliegenden, sehr um ökumenische Verständigung bemühten Band keineswegs immer konsequent verfolgt. Die Gaben der jeweiligen Konfessionen werden jedenfalls nicht explizit positiv gewürdigt. Gleichwohl begreift der Herausgeber in beeindruckender Weise die verschiedenen Kirchen und Denominationen im Sinne der von ihm sogenannten „Stammtheorie" wie ständig neu hinzukommende Jahresringe um einen Baumstamm herum, dessen Mitte Christus darstellt. Wenn auch die älteren

Ringe wie die römisch-katholische Kirche dieser Mitte besonders nahe sind, so hat doch gleichzeitig die äußere Rinde eine besondere Nähe zur sie umgebenden Außenwelt (430).

In dem Band sind ganz bewusst weitgehend Selbstdarstellungen der jeweiligen Kirchen enthalten (vgl. 11). Dies gewährleistet eine möglichst authentische und auch positive Darstellung derselben. Zugleich hat ein solches Vorgehen oft eine mangelnde Kritik, aber auch einen fehlenden deutlichen roten Faden im Gesamtwerk zur Folge. Dieser ist vor allem dadurch gewährleistet, dass die einzelnen Kapitel grundsätzlich alle ähnlich aufgebaut sind. Sie beginnen mit der Darstellung der wesentlichen Charakteristika einer Konfession, enthalten dann Angaben zur Geschichte, zur Lehre und zur kirchlichen Praxis und enden schließlich mit der Haltung zur Ökumene. Gerade bei den vielen in dem Buch vorgestellten evangelischen Kirchen kommt es so allerdings zu vielen Doppelungen. So unterscheidet sich z. B. die ausführliche Darstellung des Glaubens in den Altlutherischen Kirchen (276–279) kaum von demjenigen der Lutherischen Kirchen – eine Straffung durch Darstellung lediglich der Unterschiede hätte das Buch noch flüssiger lesbar gemacht. Ein Herausarbeiten der Unterschiede zwischen den einzelnen Denominationen hätte sicher zu prägnanteren Bildern geführt, zugleich aber möglicherweise dem Grundansatz des Buches widersprochen. Dennoch wird

eine redaktionelle Durchdringung der Artikel nicht wirklich deutlich – das Buch bietet mehr ein durchaus hilfreiches Nebeneinander von unterschiedlichen Präsentationen, die sicher für die Herausforderungen des Dialogs zwischen den Konfessionen wichtige Informationen bieten (12). Dennoch hätte z. B. eine genauere Reflexion konfessionskundlicher Methodik in einer redaktionellen Einleitung wichtige Lesehilfen bieten können. So wird nicht einmal klar, warum das Buch mit der Behandlung der römisch-katholischen Kirche (und nicht der orthodoxen!) beginnt und mit der charismatischen Bewegung endet. Auch wird nicht ausführlicher reflektiert, was eigentlich Kirche und Konfession ausmacht, und warum zum Beispiel die Apostolische Bewegung ihren Platz in einer Konfessionskunde gefunden hat.

Bei der Selbstdarstellung von Konfessionen gerade auch durch ökumenisch geschulte Theologen (Frauen sind an dem Band nicht beteiligt worden!) besteht die Gefahr, dass z. B. problematische Ausprägungen einer Konfession nicht thematisiert oder relativiert werden. In dem Beitrag Oeldemanns über die Katholische Kirche fehlt z. B. im Kapitel über die Heiligenverehrung der Hinweis auf die Interzession (27f; vgl. dann aber 50). So wird ein nahezu evangelisches Ideal der Heiligenverehrung gezeichnet. Ähnliches gilt im Blick auf die mangelnden Hinweise zur apostolischen Sukzession im Kapitel über das Lehramt (30). Im Kapitel über die Ekklesiologie fehlt die ausführliche Behandlung der kritischen Auslegung der Ekklesiologie des Zweiten Vatikanums durch „Dominus Iesus" (35 f), eine Schrift, die ja immerhin von dem damaligen Präfekten der Glaubenskongregation Josef Ratzinger verantwortet worden ist. Auch die immer noch zu beobachtende Ablasspraxis wird im Kapitel über die Buße nicht erwähnt (43). Das Prinzip des „sowohl-als auch" im Bereich der Glaubenslehre (46 u. a.) wird zwar auf sehr sympathische Weise vermittelt, ist aber zu einer klaren Einschätzung des Gegenübers keineswegs immer hilfreich. Die Art und Weise der (komplizierten) ökumenischen Zusammenarbeit der Katholischen Kirche mit dem ÖRK wird ebenfalls nicht erwähnt (69). Dadurch entsteht immer wieder der Eindruck, dass eine Selbstdarstellung von Konfessionen ein Stück weit auch der Weichzeichnung derselben dient. Ich bin mir nicht sicher, ob ökumenische Arbeit dadurch gefördert oder nicht doch eher behindert wird.

Die vorliegende Konfessionskunde ist an vielen Stellen sehr stark historisch (z. B. 130–132; 198 f; 204) oder zumindest systematisch-theologisch ausgerichtet. Entscheidende Kapitel zur gegenwärtigen Situation verschiedener Kirchen fehlen hingegen. Im Blick auf die einzelnen Kirchen wären daher Themen wie „Kirche und Geld", „Weg kirchlicher Entscheidungsfindungen", „Rolle von Frauen in der Kirche" (sehr am Rande behandelt, z. B. 267 f), „Umgang mit sexueller Diversität" usw. noch viel stärker zu fokussieren. Im Kapitel über den Katholizismus fehlt selbst ein ganz allgemeines Kapitel über „Katholizismus und Postmoderne". M. E. ist bei einer Annäherung theologischer Laien an eine andere Konfession gerade auch ein solcher Themenkatalog von Interesse. Bemerkenswert ist im Kapitel über die „Orthodoxe Kirche" ein eigener Abschnitt über „Sozial- und bioethische Herausforderungen der Moderne" (119 f).

Die Artikel sind z. T. stilistisch sehr unterschiedlich gearbeitet. Während z. B. das Kapitel über die Orthodoxen Kirchen sehr viele historische Fakten aufführt, ist das Kapitel über die Anglikanische Kirche eher aus der Kirchenleitungsperspektive heraus geschrieben (z. B. 177). Dadurch geht der Handbuchcharakter ein wenig verloren. Nicht ganz klar ist die Grenze zwischen den „Altkonfessionellen Kirchen" und den „Evangelischen Freikirchen" gezogen. Faktisch zählen SELK oder die EAK auch zu den Evangelischen Freikirchen (vgl. auch 294). Eine Erklärung bedürfte die Reihenfolge der Behandlung der Evangelischen Freikirchen. Es liegt weder eine historische noch eine alphabetische noch eine größenmäßige Reihung vor.

Bemerkenswert ist die knappe Darstellung der „Charismatischen Bewegung" durch Hans Gasper (391–426). Sie bietet einen kurzen und sehr systematischen Zugang zu dieser Thematik. Auch hier hätte allerdings eine redaktionelle Überarbeitung die erneute Behandlung der Anskar-Kirche vermeidbar werden lassen (388 f; 404).

Weitere kleinere inhaltliche Ungenauigkeiten sind noch zu nennen: Genau genommen begann die „Geschichte der Trennung der Christenheit" nicht erst nach dem Konzil von Chalkedon 451 n. Chr. (21). Bereits 325 wurde die Trennung von den „Arianern" bzw. später sogenannten Homöern evoziert. Ab 431 ging die Apostolische Kirche des Ostens („Nestorianer") ihren eigenen Weg.

Die Differenzierung zwischen „deutschen" und „schweizerischen" Reformatoren (21) ist ein Anachronismus. In der Regel wird besser von der „oberdeutschen" im Gegensatz zur „Wittenberger" Reformation gesprochen. Sehr ungenau ist es, davon zu sprechen, dass der Bischof von Rom „sehr bald" seine besondere Bedeutung mit dem Martyrium der Apostel Petrus und Paulus vor Ort begründete (23). Solche Entwicklungen lassen sich frühestens seit der Mitte des 3. Jahrhunderts beobachten. Sehr umstritten ist in der Kirchengeschichtsforschung inzwischen der Terminus „Volksfrömmigkeit" (27). Man sollte ihn besser vermeiden, insbesondere weil damit meist eine pejorative Konnotation verbunden wird und die gemeinte Frömmigkeit oft auch gerade von hochstehenden Hierarchen gefördert worden ist. Zur „eucharistischen Anbetung" kam es nicht erst im Spätmittelalter (48), sondern bereits im Hochmittelalter.

Im Kapitel über die Orthodoxe Kirche von Ioan Moga wird m. E. zu wenig der Tatsache Rechenschaft geschuldet, dass auch die Orientalischen Kirchen sich als orthodox verstehen (72 f). Eine grundsätzliche Begriffsklärung wäre hier sinnvoll, die deutlich macht, warum sich gegebenenfalls die orientalischen Kirchen nicht als orthodox bezeichnen dürfen. M. E. wären die beiden unterschiedlichen orthodoxen Kirchenfamilien daher am besten als „byzantinisch-orthodoxe Kirchen" (anders 75) und „orientalisch-orthodoxe Kirchen" zu titulieren. Dass weite Teile der östlichen Christenheit, d. h. die Orientalischen Orthodoxen, „das Kirchenschiff" „im 5. bis 6. Jahrhundert" bereits verlassen haben, würde aus deren Perspektive sicher vollkommen anders formuliert.

Ungenau ist die Behauptung, dass im Mittelalter und der frühen Neuzeit allein die Russische Kirche ihre Autokephalie erlangte, die übrigen „Nationalkirchen" erst im 19. und 20. Jahrhundert (80). Das trifft auf die serbische Kirche (autokephal seit 1219) bzw. das Erzbistum von Ochrid (autokephal seit 1018) zumindest vorübergehend nicht zu. Unklar ist, warum die „Siedlung Byzantion" „überlieferungsgeschichtlich" „auf die Missionstätigkeit des Apostels Andreas" zurückgehen soll (85). Allenfalls werden die Anfänge des byzantinischen Christentums der Tradition nach auf den Apostel Andreas zurückgeführt. Auch für die Kirche

Alexandriens gilt, dass sie allenfalls „der Tradition nach" auf die Missionstätigkeit des Evangelisten (sic!) Markus zurückgeht. Diese Tradition ist bekanntlich erst bei Euseb im vierten Jahrhundert nachdrücklich belegt.

Die Serbische Orthodoxe Kirche rief im Jugoslawienkonflikt sicher nicht nur „wiederholt zu Gewaltverzicht und Versöhnung" auf (95) – an dieser Stelle wäre eine kritische Darstellung hilfreich gewesen. Die Missionierung der Skythia Minor in apostolischer Zeit, insbesondere durch den Apostel Andreas, ist ebenfalls sehr legendär. Auch ist umstritten, ob Johannes Cassian wirklich aus dem heutigen Rumänien kam (96). Eine differenziertere Darstellung wäre hier hilfreich gewesen. Das Bulgarische Schisma ist m.W. immer noch nicht ganz beendet (anders 98). Die Rede vom „Osmanischen Joch" (100) sollte in einer wissenschaftlichen Arbeit besser unterbleiben. Unklar bleibt, was Ioan Moga unter „der reinen, byzantinischen Ikonenkunst" versteht (109). Hat es solch eine „reine" Kunst je gegeben? Oder meint er nicht vielmehr einen konkreten, paläologisch-hesychastischen Stil?

Der Aufbau des Orthodoxie-Kapitels ist nicht ganz klar. Es gibt deutliche inhaltliche Überschneidungen zwischen dem Kapitel über den orthodoxen Glauben und demjenigen über die Grundmerkmale der orthodoxen Theologie. Sehr ungenau sind die Ausführungen über das *filioque.*

Die ursprüngliche Fassung des Nizänokonstantinopolitanums gibt es gar nicht (anders 112). Der Zusatz *filioque* wurde auch nicht von der Kirche von Rom 1014 in das Bekenntnis eingefügt (so 113), sondern vielmehr im spanischen Toledo wahrscheinlich schon im 5. Jahrhundert.

Bei den Ausführungen über die diakonisch-karitative Tätigkeit in der Koptischen Kirche wären in jedem Fall noch die Marienschwestern zu nennen, die nicht nur in Beni Suef, sondern auch in Kairo große Projekte aufgebaut haben. Die „Neun Heiligen", die in Äthiopien einen monastischen Aufbruch herbeiführten, kamen dorthin wahrscheinlich erst im 6. und nicht im 5. Jahrhundert (149). Begleitinstrumente gibt es nicht nur in den äthiopisch-, sondern auch in den koptisch- und armenisch-orthodoxen Gottesdiensten (151). Ikonen sind zwar in der Geschichte der äthiopischen orthodoxen Kirche tatsächlich eine Randerscheinung (151), spätestens seit dem 17. Jahrhundert aber geläufig.

Im Abschnitt über die Evangelischen Kirchen von Oliver Schuegraf fehlt eine ausführliche Thematisierung der Frauenordination (bes. 230). Oft wird nicht einmal inklusiv von Pfarrerinnen und Pfarrern gesprochen. Das Prädikantenamt hingegen taucht auch in seiner weiblichen Form auf (229). Umgekehrt fehlt in dem Kapitel über die Diakonie eine Thematisierung männlicher Diakone (233). Die lutherische Orthodoxie hat keineswegs ein enges formales

Korsett geboten, aus dem der Pietismus auszubrechen versuchte (198) – vielmehr hat die neuere Forschung betont, dass es auch innerhalb der lutherischen Orthodoxie eine sehr starke Frömmigkeitsbewegung gegeben hat. Innerhalb der Preußischen Union haben keineswegs alle Gemeinden ihre konfessionelle Prägung behalten (209). Neben den reformierten und den lutherischen entstanden so auch unierte Gemeinden. Innerhalb der verwaltungsunierten Kirche gibt es also auch bekenntnisunierte Gemeinden. Es ist nicht ganz korrekt, dass erst im Zusammenhang der Wittenberger Unruhen 1521/22 die Predigt durch Luther wiederentdeckt wurde (220). Vielmehr gab es bereits im ausgehenden Mittelalter sehr beliebte Prädikantengottesdienste, in denen die Predigt im Zentrum stand.

Unklar bleibt beim Lesen, inwiefern die Unterstützung der Bekämpfung des Rassismus der Patriotischen Front von Simbabwe die Heilsarmee ihre Mitgliedschaft im ÖRK suspendierte (356). Hier wären weitere Erläuterungen nötig.

Trotz zahlreicher aufgeführter Gravamina und vermeidbarer Druckfehler liegt mit der von Johannes Oeldemann herausgegebenen Konfessionskunde eine beeindruckende neue Gesamtübersicht über die zeitgenössischen Kirchen vor. Auf dem Büchermarkt ist aktuell keine bessere Darstellung zu erhalten. Dennoch sind sowohl konzeptionelle als auch redaktionelle Verbesserungen bei einer Konfessionskunde noch zu leisten. Dem Rezensenten stellt sich insbesondere die Frage, ob eine Außendarstellung von Kirchen das wissenschaftliche Profil einer Konfessionskunde durch eine tendentiell unbefangenere Darstellung nicht auch fördern kann.

Andreas Müller

ORTHODOXIE IN DEUTSCHLAND

Thomas Bremer/Assaad Elias Kattan/Reinhard Thöle (Hg.), Orthodoxie in Deutschland. Aschendorff Verlag, Münster 2016. 240 Seiten. Gb. EUR 22,80.

Dass die Bundesrepublik Deutschland – abgesehen von den traditionellen Heimatländern in Osteuropa und auf dem Balkan – das europäische Land mit der größten Zahl an orthodoxen Christen ist, dürfte vielen nicht bekannt sein. Auch hält sich hartnäckig das Missverständnis, zwischen griechischer, russischer oder serbischer Orthodoxie gebe es einen konfessionellen Unterschied. Und welche Differenzen zwischen den altorientalischen und anderen orthodoxen Kirchen bestehen, überfordert selbst viele der ökumenisch Aufgeschlossenen. Es gibt also immer noch Aufklärungsbedarf im Blick auf die Orthodoxie in Deutschland. Dabei befindet sich die Orthodoxie in Deutschland gerade in einer ungemein spannenden und herausfordernden Umbruchsphase. Aus den einstmals nationalkirchlich geprägten Identitäten entwickelt sich eine orthodoxe Identität in Deutschland. Hinzu kommt die bedrückende Situation der Christen im Vorderen Orient, von denen viele nach Deutschland fliehen.

In dieser Situation will der Sammelband „Orthodoxie in Deutschland" Orientierung geben. Assaad Elias Kattan, orthodoxer Theologe an der Universität Münster, hat zusammen mit seinem katholischen Kollegen Thomas Bremer und dem evangelischen Theologen Reinhard Thöle von der Universität Halle-Wittenberg, beide profunde Kenner der Orthodoxie, (fast) alles versammelt, was in der deutschen Orthodoxie und der orthodoxen Konfessionskunde Rang und Namen hat. Der Band spannt den Bogen von den Anfängen orthodoxer Gemeinden in Deutschland im 18. und 19. Jahrhundert bis hin zu den gegenwärtigen Fragen und den ökumenischen Beziehungen der orthodoxen Kirchen in Deutschland.

Ihren Ursprung verdankt die Orthodoxie in Deutschland unter anderem der Heiratspolitik deutscher Adliger, die russische Fürstinnen ehelichten, um damit die Beziehungen zu Russland zu festigen, wie im ersten historischen Teil des Buchs in mehreren Beiträgen beschrieben wird. Den neuen Herrscherinnen, die bei einer Heirat ihre Konfession nicht wechseln mussten, wurden Kapellen eingerichtet, in denen von den Fürsten besoldete Priester orthodoxe Gottesdienste feierten. Durch die Verbindungen zwischen den Fürstenhäusern und die gewachsenen Beziehungen kamen nun immer mehr Russen nach Deutschland, nicht zuletzt als Gäste in die Kurmetropolen wie Baden-Baden oder Wiesbaden, wo für die seelsorgliche Betreuung ebenfalls orthodoxe Kirchen gebaut wurden.

Nach der Oktoberrevolution 1917 sowie nach den Umbrüchen in den 1990er Jahren haben sich in Deutschland immer mehr Orthodoxe aus verschiedenen Ländern niedergelassen. Dass die ethnische Vielfalt dennoch eine Einheit im Glauben verbindet, verdeutlicht Nikolaj Thon, Generalsekretär der Orthodoxen Bischofskonferenz in Deutschland. Nach ersten zaghaften Annäherungen stellte die Situation nach 1990 die Orthodoxen in Deutschland vor die Frage, wie die Orthodoxie hierzulande nicht nur kooperieren, sondern auch gemeinsam Belange nach innen und nach außen besprechen und vertreten kann. Aus der ursprünglichen „Kommission der Orthodoxen Kirche in Deutschland" (KOKiD) entwickelte sich die „Orthodoxe Bischofskonferenz in Deutschland" (OBKD), in der mittlerweile die Bischöfe von zehn Bistümern zusammenarbeiten. Die Errichtung einer solchen Bischofskonferenz in der Diaspora sei die „Sichtbarmachung und die Entfaltung gemeinsamen Handelns aller Orthodoxen" (64), wie Thon erläutert. Ein solcher Schritt sei viel mehr als die Einrichtung einer strukturell effizienteren Einheit. Dass diese durchaus als historisch zu bezeichnende Gründung einer Bischofskonferenz bis heute kaum Resonanz auch in der kirchlichen Öffentlichkeit gefunden hat, zeigt, wie hoch der Kommunikations- und Informationsbedarf immer noch ist.

Unter den Beiträgen zu den aktuellen Herausforderungen werden unter anderem die ökumenischen Beziehungen der Orthodoxen Kirche in Deutschland dargestellt. Allein an der Aufstellung der Mitgliedschaften in den regionalen ACKs (123) wird deutlich, welches Gewicht die Orthodoxe Kirche mittlerweile in allen Teilen Deutschlands hat und wie sie zur ökumenischen Vielfalt beiträgt. Dabei setzt die Orthodoxe Kirche auch eigene Impulse, wie beispielsweise durch den ökumenischen Tag der Schöpfung (128 f) der auf eine Initiative der Orthodoxen Kirchen zurückgeht und 2010 in Deutschland eingeführt wurde.

Die Integration der Orthodoxie in Deutschland scheint also gelungen zu sein. Der Beauftragte für innerchristliche Beziehungen der OBKD, Erzpriester Constantin Miron, zieht eine erste Bilanz. Die Orthodoxe Kirche in Deutschland bleibt für ihn trotz der jahrhundertealten Geschichte eine Migrationskirche (207). Dies zeige sich an den einzelnen Gemeinden, in denen es bis heute kaum Mitglieder ohne Migrationshintergrund gibt. In der Gemeinde Brühl, in der Miron viele Jahre tätig war, hat er bei Kasualien insgesamt 67 verschiedene Nationen verzeichnet. Integration war, ist und bleibt ein wichtiges Aufgabenfeld der Orthodoxie, ist Miron überzeugt. Daraus ergebe sich aber auch eine wesentliche Frage für das Selbstverständnis der Orthodoxen Kirche: versteht sie sich nach wie vor als Kirche in der Diaspora oder entwickelt sie sich zur „Kirche vor Ort"?

Im letzten Teil des Buches werden die altorientalischen Kirchen vorgestellt, darunter die Assyrische Kirche des Ostens, die Kopten, die Syrisch-Orthodoxe und die Armenische Kirche. Schade, dass darunter auch Kirchen fehlen, wie zum Beispiel die Äthiopisch-Orthodoxe Kirche. Für den Leser wäre es vielleicht hilfreich gewesen, anstatt des mehr speziell anmutenden Themas der Geschichte der Russisch-Orthodoxen Gemeinden im 19. Jahrhundert einen Überblicksbeitrag wie beispielsweise den von Nikolaj Thon (51–70) an den Anfang zu stellen und darin noch etwas mehr konfessionskundliche und statistische Informationen unterzubringen. Auch hätte eine redaktionell mehr zupackende Hand dem Band gut getan. So wären mit etwas mehr Abstimmung die vor allem im historischen Teil zahlreich auftauchenden Redundanzen vermeidbar gewesen. Das tut dem Buch aber keinen Abbruch. Wer sich also einen Überblick über die Orthodoxie in Deutschland aus unterschiedlichen Blickwinkeln verschaffen will, sollte zu diesem insgesamt gelungenen Sammelband greifen.

Marc Witzenbacher

Marie Luise Knott/Thomas Brovot/Ulrich Blumenbach (Hg.), Denn wir haben Deutsch. Luthers Sprache aus dem Geist der Übersetzung. Matthes & Seitz, Berlin 2015. 334 Seiten. Gb. EUR 24,90.

Übersetzer sind seltsam unruhige Gestalten, auch wenn ihre sitzende Tätigkeit, die bisweilen an die Ungestalt der Gottesanbeterin erinnert, sie als Agenten einer Ruhe ausweist, deren Aufgabe darin besteht, eine Differenz zum Verschwinden zu bringen, die sie doch allererst an die Arbeit gehen lässt. Nichts verängstigt einen Übersetzer offenbar mehr als eine holprige Formulierung, ein stockender Blick oder ein unterbrochenes Verstehen, wie Martin Luther im Sendbrief vom Dolmetschen zu berichten weiß: „Im Hiob erbeiteten wir also [...], das wir yn vier tagen zu weilen kaum drey zeilen kundten fertigen. Lieber, nu es verdeutscht und bereit ist, kans ein yeder lesen und meistern. Laufft einer ytzt mit den augen durch drey, vier bletter und stost nicht ein mal an, wird aber nicht gewar, welche wacken und kloetze da gelegen sind, wo er ytzt uber hin gehet, wie uber ein gehoffelt bret, wo wir haben muessen schwitzen und uns engsten [...]." Offenbar arbeiten Übersetzer auf den Friedhöfen des Verstehens. Dies gilt ganz besonders, aber beileibe nicht ausschließlich, wenn die Sprachen, aus denen sie übersetzen, sogenannte tote Sprachen sind, Sprachen ohne Zukunft, für die ihre Übersetzung das einzige Versprechen auf Lebendigkeit darstellt. Übersetzen bestünde dann in einer „Zwiesprache mit den Toten" (74), um sie am Leben zu halten.

„Angestiftet vom Deutschen Übersetzerfonds" (12) versammelt der Band Beiträge von professionellen Literaturübersetzern und Schriftstellern, die jenseits von religionswissenschaftlichen oder theologischen Ufern aus einen Blick auf Martin Luther, den Übersetzer werfen. Dessen übersetzerisches Credo „denn ich habe deutsch [...] reden woellen" wird schon im Titel des Bandes zu einem „Wir" verschoben, sodass der einzelne Übersetzer, so einsam seine Tätigkeit auch erscheinen mag, immer schon zum Resonanzraum mehrstimmiger und miteinander verwobener kultureller Lagen wird. Berücksichtigt man nun noch die Erfolgsgeschichte der lutherischen Bibelübersetzung, so liegt natürlich auch das politische Schlaglicht, das dieser Band in den Schatten der doch weitgehend marginalisierten Übersetzertätigkeit wirft, nahe, wenn Luther als „Pate für die Übersetzung als Medium des europäischen Kulturtransfers" (15) angeführt wird.

Übersetzen, und im Folgenden nehme ich das übersetzerische „Wir" des Bandes ernst, ohne die beeindruckende Polyphonie seiner Beiträge unter eine Leitmelodie zwingen zu wollen, Übersetzen ist zunächst ein „unmögliches Unternehmen" (255). Unmöglich? Luther, dieser mächtige „Sprachschöpfer" (7), dieser „Sinnsucher" und „Dolmetscher" (15), der dem *„furor interpretandi"* (1) Verfallene, diese „eislebener zicke" (174), dieser Mann mit seiner unbändigen „Schöpfungslust" (250) wird hier als Übersetzer thematisiert, ohne dass das von ihm Übersetzte selbst vordergründig thematisch wird. Es geht nicht darum, in einen theologischen Disput über diese und jene Auslegung einzutreten, sondern vielmehr „mit großem Gespür, feinem Gehör und viel Sinn fürs Feinstoffliche" (12) die Praktiken des Übersetzers in den Blick zu bekommen, es geht um den Techniker Luther, auch wenn man sicherlich fragen müsste, inwiefern die technischen Aspekte des Übersetzens losgelöst von ihren inhaltlichen Untiefen betrachtet werden können. Während die literarischen Beiträge des Bandes davon naturgemäß nicht tangiert werden, versuchen die fachlichen Beiträge diese Schieflage durch ein bewährtes linguistisches Mittel auszugleichen, den Vergleich mit anderen Übersetzungen, seien sie nun vorlutherisch oder nachlutherisch oder gar lutherisch als eine Art Synopse der verschiedenen Revisionsstufen. Es ist nicht verwunderlich, dass die Schlussfolgerungen der meisten Beiträge des Bandes zu einer positiven Würdigung des Übersetzers Luther gelangen, ja bisweilen werden sogar emphatische Lobgesänge laut, die eine Luther-Lektüre ausdrücklich

empfehlen, um die ausgetretenen Pfade der Schulgrammatik verlassen und so die „sprachliche Ausdruckskraft wieder zum Leben erwecken" (160) zu können.

Dass hier eine Problemanzeige ans Licht kommt, der bisher kaum nachgegangen wurde, liegt auf der Hand. Worin besteht denn nun eigentlich die vielgerühmte Sprachmacht Luthers? Ist es nicht paradox, vom Frühneuhochdeutschen als einer „Grammatik", die „noch in Bewegung" (134) sei, auszugehen, und gleichzeitig Luthers Lust am kalkulierten Bruch mit der Grammatik zu loben? Ist es nicht zumindest fragwürdig, die Schwierigkeit des lutherischen Projektes vor allem mit den unzähligen lokalen sprachlichen Varietäten zu begründen und gleichzeitig seine Verstöße gegen das sprachlich Übliche (welches denn? das zeitgenössische? das heutige gar?) zu würdigen? Würde nicht auch ein gründlicher Blick in die schriftsprachlichen Dokumente der Lutherzeit erbringen, dass das Luther-Deutsch, vielleicht abgesehen von seiner Lust an der Neubildung zugespitzter Komposita, nicht ganz so kreativ und erfinderisch war, wie bisher häufig angenommen wurde, sondern eher aus dem Vollen der zeitgenössischen Schriftsprache schöpfen konnte?

Aber auch wenn gründliche Untersuchungen in diese Richtung meines Erachtens noch ausstehen, so bleibt doch festzuhalten, dass die Beiträge des Bandes sich das „Paradies der gelungenen Übersetzung" (97) nicht grundsätzlich im Modell des „gehobelten Brettes" erhoffen. Schon das Original, der ausgangssprachliche Text, ist ein Text, der von Unebenheiten im Holz, von Differenzen wie man heute sagt, durchzogen ist. Von diesen Differenzen lebt also auch die Übersetzung, die diese nicht weg zu übersetzen hat, sondern vielmehr als „Gestaltungswillen" (110) zu erkennen geben muss. Die Übersetzung macht vielmehr sichtbar, was schon für jeden Text an sich gilt: „Sprache ist immer neu. Sprache übersetzt sich immer neu. Sprache muß immer übersetzt werden" (210). Sprache und somit jeder Text existiert immer nur in einem Werden, in einer ruhelosen Bewegung, die den Ruhelosen schlechthin, den Übersetzer bewegt. Er ist das paradoxe Emblem einer Kultur der Gastfreundschaft, er, der sich im Ausgangstext zwar heimisch fühlt, aber nur zu Gast ist. Er, der die Fülle und die reichen Möglichkeiten des Originals spürt, das Sinnversprechen, das mit diesem einhergeht, und das ihm schließlich, dem Übersetzer, in der Zielsprache angekommen, gegangen durch die lutherische Syntax etwa, dieser „Sinnerzeugungsmaschine" (191), wieder fremd wird, dort, wo er doch eigentlich zu Hause ist.

Nur zu folgerichtig endet dieser sehr vielseitige und inspirierende Band mit einem zunächst befremdlichen Plädoyer: Luthers Bibelübersetzung „kann und darf man […] nicht revidieren" (317). Was rechtfertigt so ein vermeintlich überzogenes Ansinnen? War nicht schon Luther selbst sein erster und kritischster Revisor? Wie vielleicht für jede Übersetzung kann auch für Luthers Bibelübersetzung in Anspruch genommen werden, dass mit ihr (auch) der Raum der Literatur betreten wurde, dass sie ein „Kunstwerk" sei. Ein Kunstwerk kann man natürlich nicht revidieren, „man müsste es übersetzen" (317).

Marco Gutjahr

NATHAN SÖDERBLOM

Jonas Jonson, Nathan Söderblom Called to Serve ("Jag är bara Nathan Söderblom satt till tjänst", übers. von Norman A. Hjelm), William B. Eerdmans Publishing Co., Grand Rapids MI 2016. 449 Seiten. Br. $ 45,– (Amazon: $ 29,22).

Jonson ist em. Bischof von Strängnäs mit umfangreicher ökumenischer Erfahrung. Sein Berufsweg bringt es mit sich, dass sein Interesse an Söderblom (1866–1931) vornehmlich dessen Pionierleistung für die Ökumene, seinem Einsatz für den Frieden und seiner Tätigkeit als Erzbischof von Schweden gilt. Seine Pionierleistungen als Religionshistoriker und seine in der Literatur oft vernachlässigten theologischen Ideen werden zwar berücksichtigt, aber nicht wirklich angemessen behandelt. Die Einseitigkeit geht so weit, dass S.s Professur in Leipzig, der Höhepunkt seiner wissenschaftlichen Tätigkeit, als bloßes „Intervall" auf dem Weg zum Bischofsamt bezeichnet wird (Kap. 15), obwohl S. noch im Frühjahr 1914, als längst über die Nachfolge des alten Erzbischofs spekuliert wurde, eine Verlängerung seines Leipziger Vertrages bis Sommer 1915 beantragt hatte! Das ist schade, weil (wie Vf. selbst bemerkt) gerade die enge Verbindung von Theologie und Kirche einerseits und vergleichender Religionswissenschaft andererseits den besonderen Reiz von S.s Lebenswerk ausmacht. Es ist freilich insofern verständlich, als das Buch kein Forschungsbeitrag sein will, sondern sich an ein breiteres Lesepublikum richtet. Dem entspricht es, dass vor allem die gedruckten Quellen und die Sekundärliteratur herangezogen wurden und dass es keine Fußnoten gibt. Die Arbeit zeugt jedoch von stupendem Fleiß und enger Vertrautheit mit dem Gegenstand, bis in scheinbar unwesentliche Details hinein.

Die große Stärke des Vf.s ist sein Erzähltalent. Sein Buch ist sehr anschaulich und mit viel Einfühlungsvermögen geschrieben und liest sich ausgesprochen gut. Man bekommt ein lebendiges Bild von dem Menschen S. und einer großen Zahl von Lehrern, Mitarbeitern, Gegnern. Mithilfe breiten kulturgeschichtlichen Wissens und lebhafter eigener Phantasie gelingt es ihm, die Atmosphäre der alten Zeit geradezu hautnah spürbar zu machen (vgl. z. B. die Schilde-

rung einer Straßenszene in Berlin 1894, 71).

Der Aufbau des Buches folgt der Chronologie von S.s Leben. Das ist freilich nicht nur von Vorteil, denn dadurch werden oft sachlich zusammengehörige Komplexe auseinandergerissen, und in manchen Kap. werden auch solche Dinge verhandelt, die mit dem jeweiligen Thema nichts zu tun haben (Beispiele: Kap. 7, 10, 27, 32).

Inhaltlich ist zu begrüßen, dass das Buch mit dem in großen Teilen der Literatur geläufigen Urteil aufräumt, S. habe in späteren Jahren von einer organisatorischen und lehrmäßigen Einheit der Kirche geträumt. Die Einheit bestand für ihn allein im gemeinsamen Glauben, und das Verhältnis der christlichen Konfessionen zueinander sollte durch Wettbewerb und Zusammenarbeit (in lediglich föderativer Vereinigung) bestimmt sein. Leider herrscht nicht die gleiche Klarheit hinsichtlich des zentralen Begriffs „evangelische Katholizität", den Vf. anglikanisch als Synthese von evangelischer Freiheit und bischöflicher Verfassung versteht (141. 160. 269 f. u. ö.). Das ist ein altes Missverständnis, das auf Fr. Heiler zurückgeht (vgl. z. B. Brief v. 26. 6. 1919). S. hat das ausdrücklich zurückgewiesen (Brief v. 4. 8. 1926): Ev. Katholizität bedeute allein den Universalitätsanspruch des ev. Heilsverständnisses, der gleichberechtigt neben dem römischen und dem ostkirchlichen steht. Das Bischofsamt ist S. zwar wichtig, aber – so Vf. selbst –

für die Einheit der Kirche nicht notwendig. Seine Bedeutung besteht für S. darin, der Eigenständigkeit der Kirche zu dienen, insbesondere gegenüber dem Staat. Er denkt dabei an die historische Situation der schwedischen Kirche, die mithilfe der in der Reformation intakt gebliebenen bischöflichen Verwaltung den Bestrebungen Sigismunds III., das Land zu rekatholisieren, zu widerstehen vermochte. Jonson dagegen zeichnet ein Bild von S.s Sicht der Kirche, das eher von der Porvoo-Erklärung geprägt ist.

Es gibt noch eine Reihe weiterer Verzeichnungen. So die Behauptung, für S. sei die Nation der „Leib" für die verborgene Kirche (152. 217). Das war die nationalistische Auffassung der reformerischen Jungkirchenbewegung, der S. die These entgegensetzte, der „Leib" sei die Weltchristenheit und die Nationalkirche nur eine Provinz. Oder die Ansicht, S. habe Religion und Kultur nicht klar unterschieden (33. 143. 149). Er hat die Religion, die es mit dem Heiligen zu tun hat, sehr wohl von der Kultur abgehoben, so sehr sie einer breiten Palette kultureller Vermittlungen bedarf. So könnte man fortfahren.

Die Übersetzung ist sprachlich gut, aber nicht immer genau. Nur ein einziges Beispiel: Im Text (99) steht, S. habe in seiner Antrittsvorlesung "in most respects" seinem stockkonservativen Vorgänger Ekman zugestimmt (mit dem ihn sachlich so gut wie nichts verband!). Dagegen das Original: „i ett viktigt avseende" (in *einer* wichtigen Hinsicht), nämlich dass die allgemeine Religionsgeschichte an die theologische Fakultät gehöre.

Insgesamt ist dies trotz einiger Fehlgriffe eine gute Einführung in S.s Leben und Denken, die durch ihre sympathische und zugleich nicht unkritische Art sehr geeignet ist, diese leider immer noch wenig bekannte Gestalt einem interessierten Publikum nahezubringen.

Dietz Lange

PD Dr. Gisa Bauer, Institut für Kirchengeschichte, Universität Leipzig, Martin-Luther-Ring 3, 04109 Leipzig; Europäisches Forum Christlicher LGBT-Gruppen, Postbus 3836, NL-1001 AP Amsterdam; Pfarrer Dr. Roland Fritsch, Martin-Luther-Universität Halle-Wittenberg, Seminar für Ostkirchenkunde, Franckeplatz 1, Haus 30, 06099 Halle; Marco Gutjahr, Universität Rostock, Theologische Fakultät, Universitätsplatz 1, 18055 Rostock; Pfarrerin Dr. Dagmar Heller, Ökumenisches Institut Bossey, Chemin Chenevière 2, CH-1279 Bogis-Bossey; Johanna Hestermann, Vangerowstr. 51, 69115 Heidelberg; OKR Prof. Dr. Martin Illert, Kirchenamt der EKD, Herrenhäuser Straße 12, 30419 Hannover; Eva-Maria Isber, Universität Augsburg, Lehrstuhl für Evangelische Theologie mit Schwerpunkt Biblische Theologie, Universitätsstraße 10, 86159 Augsburg; Generalsekretär Pfarrer Dr. h.c. Martin Junge, Lutherischer Weltbund, Postfach 2100, CH-1211 Genf 2; Prof. Dr. Dietz Lange, Insterburger Weg 1, 37083 Göttingen; Priester Evgeny Morozov, Moskauer Patriarchat, Danilov Kloster, ulitsa Danilovskiy Val, 22, Moskva, 115191, Russland; Prof. Dr. Andreas Müller, Theologische Fakultät der Christian-Albrechts-Universität zu Kiel, Christian-Albrechts-Platz 4, 24118 Kiel; Dr. Johannes Oeldemann, Johann-Adam-Moehler-Institut für Ökumenik, Leostraße 19 a, 33098 Paderborn; Seine Heiligkeit Papst Franziskus, Palazzo Apostolico, I-00120 Città del Vaticano, Rom; Priester Ilija Romic, Serbisch-Orthodoxe Kirche, Putzbrunner Straße 49, 81739 München; Prof. Dr. Reinhard Thöle, Martin-Luther-Universität Halle-Wittenberg, Theologische Fakultät, Franckeplatz 1, 06110 Halle; Natallia Vasilevich, Kaiserstraße 39, 53113 Bonn; Dipl. theol. Georgios Vlantis, M. Th., Arbeitsgemeinschaft Christlicher Kirchen in Bayern, Marsstraße 5, 80335 München; Pfarrer Marc Witzenbacher, Ökumenische Centrale, Ludolfusstraße 2–4, 60487 Frankfurt am Main.

Titelbild: Ökumenischer Patriarch Bartolomaios I. von Konstantinopel (r.), Ratsvorsitzender der EKD Heinrich Bedford-Strohm (l.) auf dem Orthodoxen Konzil, Kreta 2016

Foto: Sean Hawkey

Thema des nächsten Heftes 2/2017:

Religion, Kirche und Zivilgesellschaft in Ostmitteleuropa heute

mit Beiträgen u. a. von Elzbieta Adamiak, Daniel Buda, Sándor Fazakas, László Lehel, Tim Noble, Sarolta Püsök, Miriam Rose, Jakub Slawik, Marie Anne Subklew, Stefan Tobler, Michael Welker

136 ÖKUMENISCHE RUNDSCHAU – Eine Vierteljahreszeitschrift

In Verbindung mit dem Deutschen Ökumenischen Studienausschuss (vertreten durch Thomas Söding, Bochum) herausgegeben von Angela Berlis, Bern; Petra Bosse-Huber, Hannover; Daniel Buda, Genf/Sibiu; Amelé Ekué, Genf/Bossey; Fernando Enns, Amsterdam und Hamburg (Redaktion); Dagmar Heller, Genf; Martin Illert, Hannover (Redaktion); Heinz-Gerhard Justenhoven, Hamburg; Ulrike Link-Wieczorek, Oldenburg/Mannheim (Redaktion); Viola Raheb, Wien; Johanna Rahner, Tübingen (Redaktion); Barbara Rudolph, Düsseldorf (Redaktion); Dorothea Sattler, Münster; Oliver Schuegraf, Hannover (Redaktion); Athanasios Vletsis, München; Rosemarie Wenner, Frankfurt am Main, Marc Witzenbacher, Frankfurt am Main (Redaktion).

ISSN 0029-8654   ISBN 978-3-374-04944-8
www.oekumenische-rundschau.de

Redaktion: Marc Witzenbacher, Frankfurt a. M. (presserechtlich verantwortlich)
Redaktionssekretärin: Gisela Sahm
Ludolfusstraße 2–4, 60487 Frankfurt am Main
Tel. (069) 247027-0 · Fax (069) 247027-30 · e-mail: info@ack-oec.de

Verlag: Evangelische Verlagsanstalt GmbH
Blumenstraße 76 · 04155 Leipzig · www.eva-leipzig.de
Geschäftsführung: Arnd Brummer, Sebastian Knöfel

Satz und Druck: Druckerei Böhlau · Ranftsche Gasse 14 · 04103 Leipzig

Abo-Service und Vertrieb: Christine Herrmann
Evangelisches Medienhaus GmbH · Blumenstraße 76 · 04155 Leipzig
Gläubiger-Identifikationsnummer: DE03EMH00000022516

Tel. (0341) 71141-22 · Fax (0341) 71141-50
E-Mail: herrmann@emh-leipzig.de

Anzeigen-Service: Rainer Ott · Media Buch + Werbe Service
Postfach 1224 · 76758 Rülzheim
www.ottmedia.com· ott@ottmedia.com

Bezugsbedingungen: Die Ökumenische Rundschau erscheint viermal jährlich, jeweils im ersten Monat des Quartals. Das Abonnement ist jeweils zum Ende des Kalenderjahres mit einer Frist von einem Monat beim Abo-Service kündbar.
Bitte Abo-Anschrift prüfen und jede Änderung dem Abo-Service mitteilen.
Die Post sendet Zeitschriften nicht nach.
Preise (Stand 1. Januar 2013, Preisänderungen vorbehalten):
Jahresabonnement (inkl. Versandkosten): Inland: € 42,00 (inkl. MWSt.),
Ausland: EU: € 48,00, Nicht-EU: € 52,00 (exkl. MWSt.)
Rabatt (gegen Nachweis): Studenten 35 %.
Einzelheft: € 12,00 (inkl. MWSt., zzgl. Versand)

Die nächste Ausgabe erscheint April 2017.